Wolfgang Gückelhorn

Lager Rebstock

Geheimer Rüstungsbetrieb in Eisenbahntunnels der Eifel für V 2 Bodenanlagen 1943-1944

Helios

Autor und Verlag bedanken sich für die Unterstützung durch den Landschaftsverband Rheinland

Die V 2-Rakete hängt unter dem „Strabo-Krahn" und wird gleich auf den Meiller-Anhänger geladen, der von der 8 to-Zugmaschine gezogen wird. Die Fahrt ging dann zur Feuerstellung, in der der Meillerwagen die Rakete auf den Abschusstisch stellte.

Impressum

Helios Verlags- und Buchvertriebsgesellschaft
Postfach 39 01 12, 52039 Aachen
Tel.: (02 41) 55 54 26; Fax: (02 41) 55 84 93
eMail: Helios-Verlag@t-online.de
Bitte fordern Sie beim Verlag aktuelle Informationen
zu lieferbaren Titeln an.

Printed in Spain

ISBN 3-933608-54-6

Inhaltsverzeichnis

Vorwort

Diese Dokumentation über das Lager Rebstock verdankt ihre Entstehung einem Zufall. Mein Freund Detlev Paul aus Eschweiler und ich hatten im Herbst 2001 zwei Holländer zu Gast, denen wir ehemalige V 2-Stellungen im Saarland und im Hunsrück zeigten. Die beiden hatten uns bei Quellensammlung und Recherchen unterstützt in unserem Vorhaben, die Einsätze von V 1 und V 2 aus Eifel, Hunsrück und Westerwald zu dokumentieren.

Während dieser als Dankeschön organisierten Besichtigungsreise bot mir einer der Holländer Fotos an, die im Lager Rebstock im Ahrtal aufgenommen worden waren. Er wusste, dass ich in der Nähe wohne und dass ich damit etwas anfangen würde. Als ich schließlich im Dezember 2001 die Fotos in der Hand hatte, war mir klar, dass deren Aussagekraft sehr groß war und vieles bisher Unbekannte nun eindeutig dokumentiert werden konnte.

Ich fasste den Entschluss, diese Fotos in irgendeiner Form zu veröffentlichen und erschloss in den folgenden Monaten durch Glück und Zufall weitere sehr reichhaltige Quellen zum Lager Rebstock. Dabei hatten mir Freunde und Beziehungen geholfen, neue Fakten zu entdecken und zu interpretieren.

All diesen möchte ich hier meinen herzlichen Dank aussprechen. Dieser gilt nicht zuletzt den befragten Zeitzeugen, die 58 Jahre weit in ihre Vergangenheit zurückschauten und mir mit großer Offenheit über das Erlebte berichteten.

Für meine Arbeit habe ich einen sachlich-historischen Grund darin gesehen, über die wesentlichen Vorgänge im Lager Rebstock zu berichten – weit über die Tatsache des Zwangsarbeitereinsatzes hinaus.

Das Schicksal der KZ-Häftlinge im Ahrtal ist sehr bedauerlich und als Folge des NS-Unrechtsregimes nicht entschuldbar. Die Dienstverpflichtung der vielen Zivilbeschäftigten aus der Region, aber auch die Abkommandierung von Wehrmachtsangehörigen waren Zwangsmaßnahmen einer totalitären Herrschaft. Dieser Personenkreis wurde auch zum Opfer.

Den damals betroffenen Deutschen hat die politische Führung den Einsatz von Vergeltungswaffen als letzte Hoffnung auf den „Endsieg" verkauft und viele wollten daran glauben. Allen war von Kindesbeinen an eine unkritische Haltung gegenüber Führer, Volk und Vaterland eingeimpft worden und Millionen haben mit Tod, Verwundung und verlorener Jugend bezahlt.

Deshalb sollten wir Nachkriegsgeborenen das Handeln unserer Elterngeneration nicht allzu kritisch beurteilen und dafür eintreten, dass in Zukunft Gewaltherrschaften und Kriege verhindert werden.

Wolfgang Gückelhorn, August 2002

Die Entstehungsgeschichte der Eisenbahntunnel Ahrweiler bis Rech

Die Erschließung der Eifel durch Verkehrswege begann erst nach der napoleonischen Zeit. Die preußische Staatsregierung ließ Straßen bauen, um die rückständige Eifel wirtschaftlich zu entwickeln. Ab 1833 wurden im Rheinland die ersten Eisenbahnen gebaut: Zuerst Köln-Aachen, 1844 Köln-Bonn und dann 1858 die Verlängerung bis nach Koblenz. Mit der Eröffnung der Moselbahn Koblenz-Trier 1879 und der Querverbindung Düren - Euskirchen - Jünkerath - Gerolstein -Trier (1871) war der Anfang auch für die Eisenbahn in der Eifel gemacht. Bereits 1865 hatte die private Rheinische Eisenbahn die Erlaubnis erhalten, eine Querverbindung von Euskirchen über Rheinbach und Ahrweiler nach Sinzig zu bauen. Es blieb damals jedoch beim Plan. Als 1880 die Bahnen verstaatlicht wurden, waren die Strecken Bonn-Euskirchen und Remagen-Ahrweiler gerade in Betrieb gegangen.

In der Zeit zwischen den Kriegen 1870/71 und 1914/18 wurde die Eifel

Kartenanlage zum Gesetz vom 06.02.1915
Ausbau der Hauptbahn von Liblar nach dem Ahrtal (Dernau) durch Herstellung einer Abzweigung von Ringen nach Neuenahr.

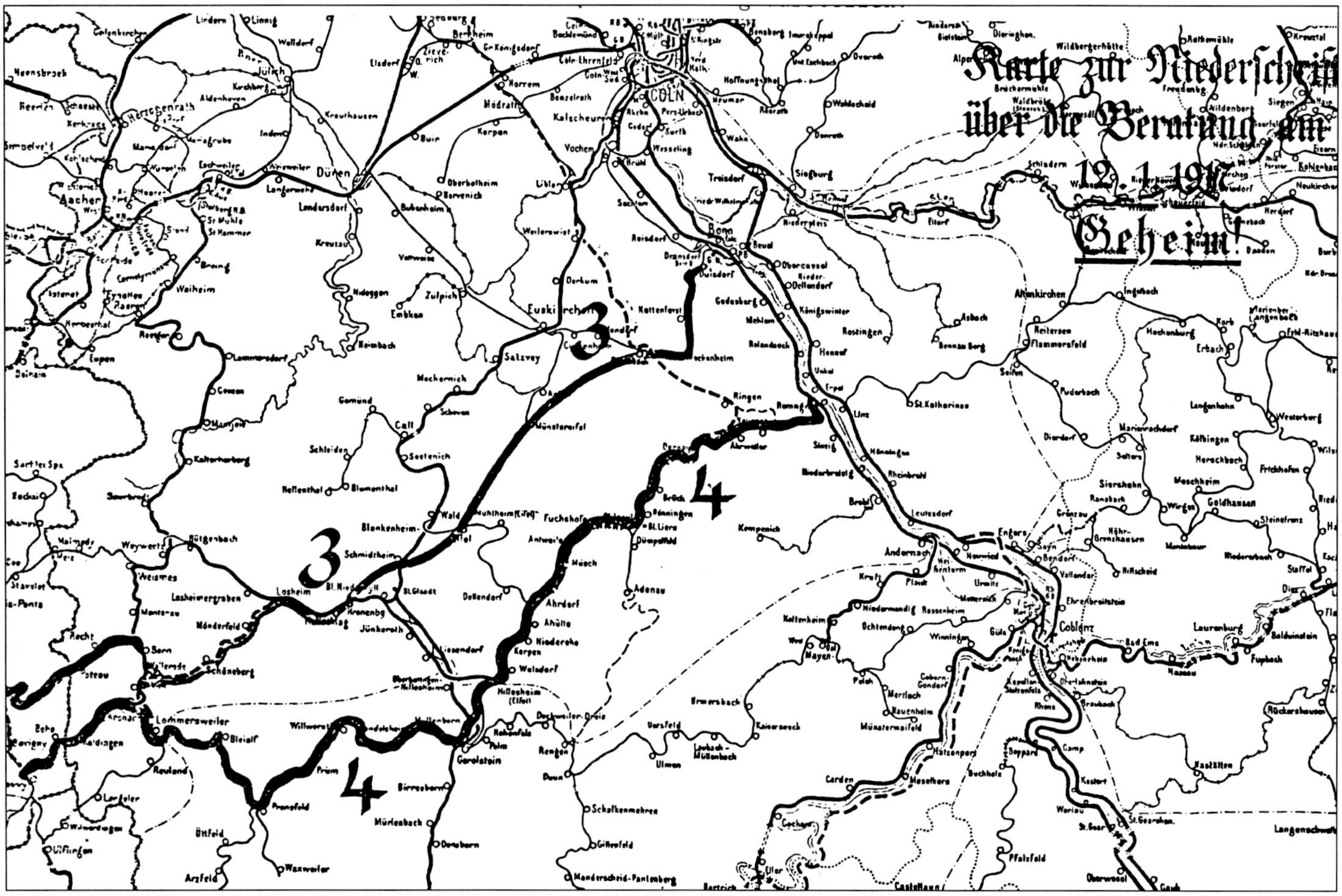

Die Nachschublinien Nr 3 und 4 für die Westfront im 1. Weltkrieg. Die Strecke Liblar-Rech sollte eine Querverbindung darstellen.

immer mehr erschlossen. Dabei spielten militärische Überlegungen eine große Rolle. Schwierige und kostspielige Streckenführungen durch die zerklüftete Eifellandschaft wurden vom Deutschen Reich großzügig geplant und gebaut. Lange vor Beginn des 1. Weltkrieges machten sich die Strategen in Berlin konkrete Gedanken über den Aufmarsch gegen den „Erbfeind" Frankreich und entwickelten den so genannten „Schlieffenplan". Unter Verletzung der Neutralität von Luxemburg, Belgien und der Niederlande wollte man Frankreich von Norden her überfallen.
Der Krieg begann wie geplant, verlief dann aber ganz anders.

Am 06. Februar 1915 beschloss der Reichstag den Ausbau der Hauptbahn von Liblar nach dem Ahrtal (Dernau) durch Herstellung einer Abzweigung von Ringen nach Neuenahr. Man begann sofort mir den Bauarbeiten dieser „strategischen Linie" und selbst das Kriegsende im November 1918 führte noch nicht zum Abbruch dieser Maßnahme.

Als dann 1923 der Baustopp kam, war die Trasse von Rheinbach kommend über Ringen bis zum Anschluss an die Ahrstrecke in Rech fertig. Lediglich der Viadukt im Adenbachtal blieb unvollendet und die Schienen waren teilweise noch nicht verlegt. Es blieben fünf doppelgleisige Eisenbahntunnel mit schönen Portalen im Ahrtal: Der Silberbergtunnel - 660 m, der Kuxbergtunnel - 1285 m, der Trotzenbergtunnel - 1340 m, der Sonderbergtunnel - 120 m und der Herrenbergtunnel bei Rech mit 330 Metern Länge.
In den Zwanziger Jahren wurde ab und zu an die Vollendung dieser Linie gedacht, aber entweder hatte die Französische Besatzungsmacht Einwände oder es fehlte an Geld.

Nach 1933 wurden die Tunnels im Zuge von „Arbeitsbeschaffungsmaßnahmen" genützt, wie im Heimatkalender des Kreises Ahrweiler von 1936 zu lesen ist. Autor ist der Kreisleiter und Landrat Dr. Simmer. (siehe Seiten 12-14)

Diese Nutzung dauerte an, als sich Rüstungsexperten aus Berlin im Frühjahr 1943 nach geeigneten und vor allem bombensicheren Anlagen auch im Ahrtal umschauten. Die fünf Tunnels wurden begutachtet und als brauchbar bewertet. Ab Frühsommer 1943 begannen heimische Firmen unter der Regie großer Konzerne den Ausbau der Tunnels für Rüstungszwecke. Dabei wurde die Champignonzucht eingestellt und Produktionsanlagen eingerichtet.[1]

[1] Quelle: Klaus Kemp, Die Ahrtalbahnen Heimatkalender des Kreises Ahrweiler, 1936, Dr. Simmer, Edelpilzzucht in Ahrweiler

Bild oben:
Ostportal des Herrenberg-Tunnels bei Rech

Bild links:
Viadukt zwischen Südportal Trotzenbergtunnel und Sonderbergtunnel

Blick vom Trotzenberg nach Süden: Bildmitte Südportal, Straßenunterführung. Mitte rechts Materiallager in Bauphase. Oben rechts Nordportal Sonderbergtunnel. Von dort nach Mitte oben Bahndamm im Hang nach Rech.

Bild oben: Baugerüst über dem Adenbachtal im August 1918. Oben-rechts im Bild: Ostportal Silberbergtunnel.

Bild rechts: Portal des Cuxberg-Tunnels während der Bauphase.

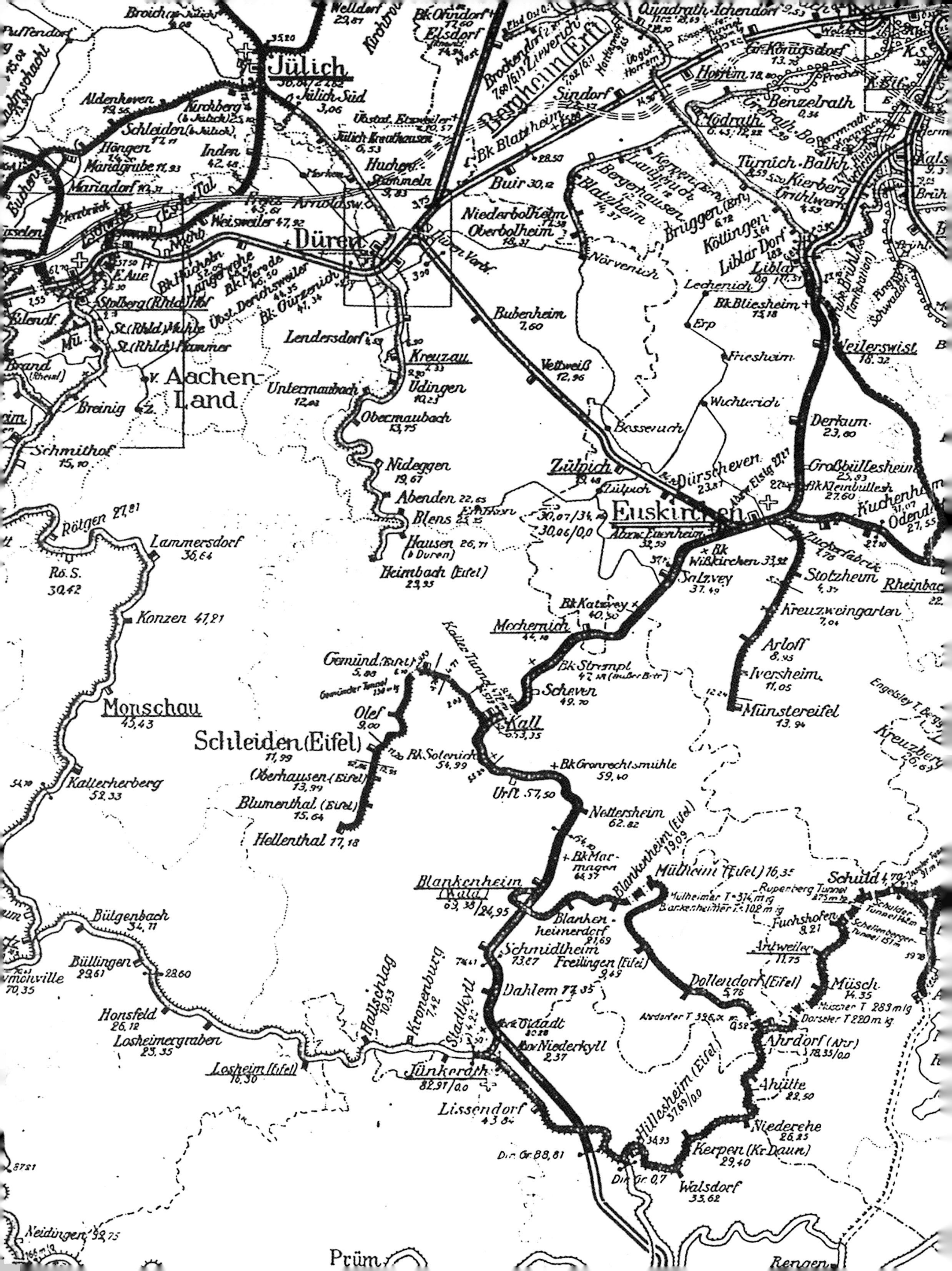

Jülich
Jülich Süd 3,06
Aldenhoven 19,56
Kirchberg (b. Jülich)
Schleiden (b. Jülich)
Höngen
Inden 42,48
Mariadorf
Weisweiler 47,92
Düren
Quadrath-Ichendorf
Gr. Königsdorf 13,75
Horrem
Benzelrath
Mödrath
Sindorf
Bergheim (Erft)
Bk Blatzheim
Buir 30,12
Elsdorf
Jülich Krauthausen 6,53
Huchem-Stammeln 3,83
Niederbolheim
Oberbolheim 18,31
Kerpen
Blatzheim 14,37
Bergerhausen
Brüggen (Erft) 6,12
Türnich-Balkh.
Kierberg
Köttingen 3,64
Liblar Dorf
Liblar
Lechenich
Bk Bliesheim 13,18
Erp
Friesheim
Wichterich
Nörvenich
Bubenheim 7,60
Vettweiß 12,96
Bessenich
Weilerswist 18,32
Derkum 23,60
Großbüllesheim 25,93
Bk Kleinbüllesh. 27,60
Kuchenheim 31,07
Odendorf 27,55
Zülpich 19,48
Dürscheven 23,87
Euskirchen
Zuckerfabrik 1,76
Bk Wißkirchen 33,32
Salzvey 37,49
Stolzheim
Rheinbach
Kreuzweingarten 7,04
Arloff 8,95
Iversheim 11,05
Münstereifel 13,94
Bk Katzvey 40,30
Mechernich 44,10
Bk Strempt
Scheven 49,70
Kall 53,35
Kreuzberg 26,63
Lendersdorf
Kreuzau 2,33
Üdingen 10,23
Untermaubach 12,03
Obermaubach 13,75
Nideggen 19,67
Abenden 22,65
Blens 23,35
Hausen (b Düren) 26,71
Heimbach (Eifel) 29,35
Stolberg (Rhld) Hbf
St. (Rhld) Mühle
St. (Rhld) Hammer
v. Aachen-Land
Breinig
Brand (Rheinl)
Schmithof 15,10
Rötgen 27,81
Lammersdorf 36,64
Rö. S. 30,42
Konzen 41,21
Monschau 45,43
Kalterherberg 52,33
Gemünd (Eifel) 5,88
Olef 9,00
Schleiden (Eifel) 11,99
Bk Sötenich 54,99
Oberhausen (Eifel) 13,99
Blumenthal (Eifel) 15,64
Hellenthal 17,18
Bk Gronrechtsmühle 59,40
Urft 57,50
Nettersheim 62,82
Bk Marmagen 66,37
Blankenheim (Wald)
Blankenheim (Eifel) 19,09
Mülheim (Eifel) 16,35
Blankenheimerdorf 21,69
Schmidtheim 73,67
Freilingen (Eifel) 9,49
Dahlem 77,35
Schuld
Fuchshofen 8,21
Antweiler 11,75
Dollendorf (Eifel) 5,76
Müsch 14,35
Ahrdorf (Ahr) 18,35/0,0
Ahütte 22,50
Niederehe 26,25
Hillesheim (Eifel) 37,69/0,0
Kerpen (Kr. Daun) 29,40
Walsdorf 33,62
Bütgenbach 34,71
Büllingen 29,61
Honsfeld 26,12
Losheimergraben 23,35
Losheim (Eifel) 16,30
Hallschlag 10,53
Kronenburg 7,42
Stadtkyll
Jünkerath 82,91/0,0
Lissendorf 43,84
Abzw. Niederkyll 2,37
Neidingen 32,75
Prüm

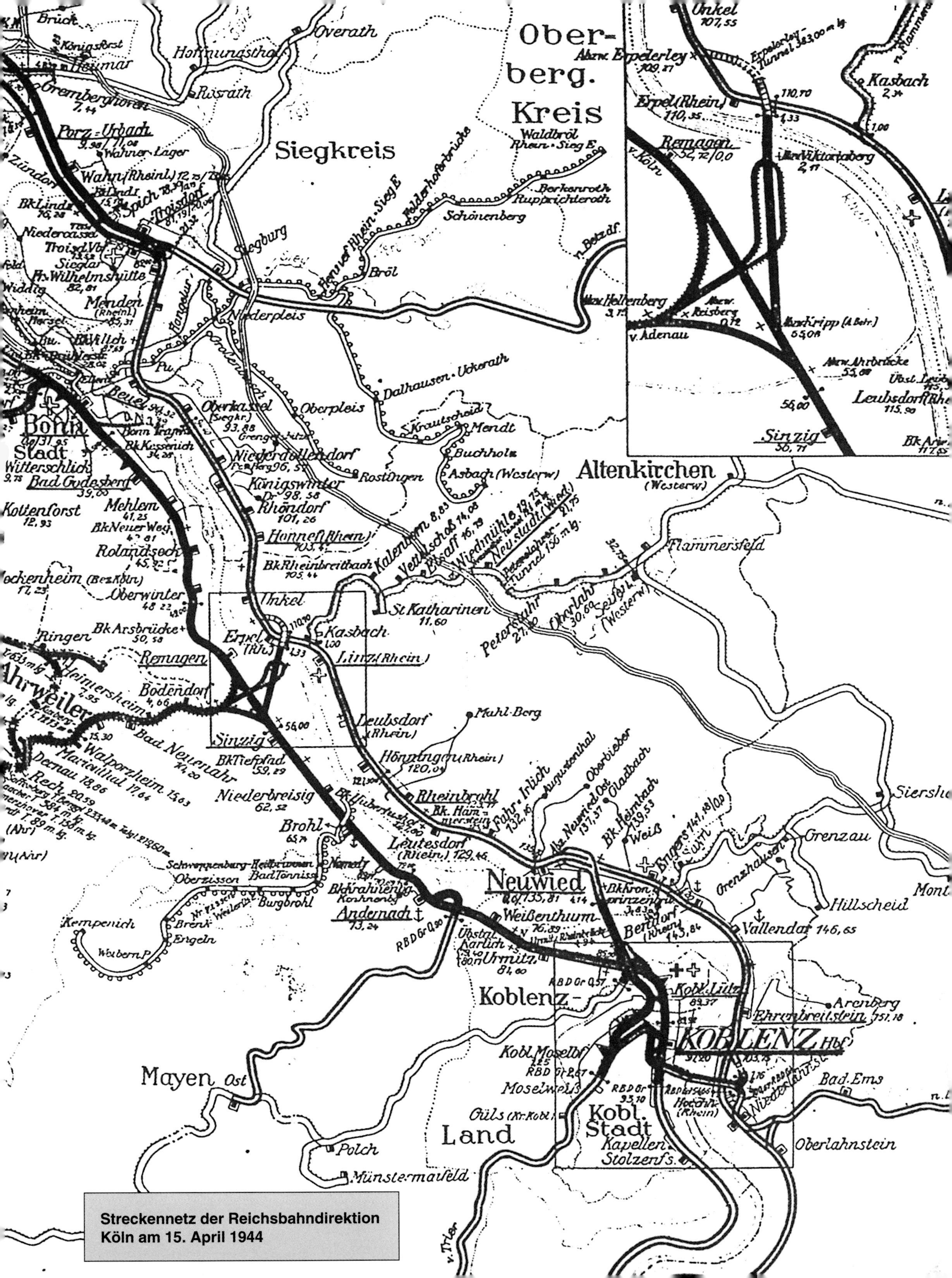

Streckennetz der Reichsbahndirektion Köln am 15. April 1944

Edelpilzzucht in Ahrweiler

Kreisleiter und Landrat Dr. Simmer

Im wildromantischen Ahrtal, in dem der rubinrote Ahrburgunder wächst, der bereits durch seinen glänzenden Sieg über den französischen Rotwein im Dritten Reich überall bekannt geworden ist, baut man nunmehr auch Champignon-Edelpilze an, die bereits in ganz Deutschland versandt werden. Mit nationalsozialistischer Aktivität und mit vorbildlicher Zusammenarbeit und Unterstützung von Partei und Behörden, insbesondere der Stadt-, Kreis- und Provinzialverwaltung, ist hier eine Anlage geschaffen, die in ihrer Gesamtheit bereits die größte Deutschlands ist. Geradezu in idealer Weise eignen sich hierzu die Tunnels der sogenannten „Strategischen Bahn", deren Ausbau durch den Versailler Vertrag verhindert wurde. Der erste Tunnel in einer Größe von insgesamt rd. 3000 qm, ist bereits zur Hälfte, also mit 1400 qm angebaut. Die zweite Hälfte ist gerade im Anbau, also im Anlegen der Mistbeete begriffen. Insgesamt stehen zum Anbau in den gesamten Tunnels rd. 25 000 qm zur Verfügung. Die erste Anlage steht z. Z. in der Ernte und es werden hier, nachdem bereits rd. 115 Ztr. geerntet sind, schätzungsweise insgesamt 120 Ztr. zur Ernte kommen, also rd. 8 Pfund pro qm. Das würde bei vollem Ausbau der Gesamtanlage von 25000 qm 200000 Pfund oder 2000 Ztr. bedeuten.

„Eingang zur Edelpilzanlage"
(Bild: Foto-Dahm, Bad Neuenahr)

Der wirtschaftliche Wert dieser Anlage liegt zunächst in der Schaffung von Arbeit für bisher erwerbslose Volksgenossen, da gerade in der Stadt Ahrweiler die Wirtschaftskrise besonders stark in Erscheinung trat und die nunmehr dort beschäftigten Arbeiter zum Teil 7 bis 8 Jahre erwerbslos waren. Diesen Arbeitern ist damit eine dauernde Beschäftigungsmöglichkeit gegeben, so daß sich einige von ihnen bereits mit einem Eigenheim angesiedelt haben.

„Gesamtansicht der Anlage"
(Bild: Foto-Dahm, Bad Neuenahr)

Darüber hinaus bedeutet dieser Anbau von Pilzen volkswirtschaftlich die Einsparung von Devisen, die bisher für den Bezug der Champignon-Pilze aus Frankreich einen recht ansprechenden Betrag ausmachten.

Ernährungswirtschaftlich gesehen bedeutet diese Pilzzucht eine vollkommen neue Erzeugung eines bedeutenden Ernährungsmittels auf deutschem Boden. Bekanntlich ist der Champignonpilz der eiweißreichste Pilz. Sein Nährwert in Eiweiß und Kohlehydraten steht beispielsweise über dem des Kalbfleisches wie auch des Rindfleisches.

Absatzschwierigkeiten sind bisher nicht aufgetreten und werden auch voraussichtlich in Zukunft nicht auftreten, da der Bedarf an Pilzen durch die Absperrung der Zufuhr aus Frankreich wegen Mangel an Devisen größer ist, als bisher angebaut werden konnte. Um einen gleichmäßigen Absatz garantieren zu können, ist gleichzeitig bereits die Möglichkeit zur Konservierung der Champignon-Pilze in der Zeit der Hochernte geschaffen, in der naturgemäß der Ernte-Ertrag pro Tag stärker sein kann als der tägliche Absatz. Diese Pilze, die also an demselben Tage der Ernte nicht abgesetzt werden können, werden in Büchsen konserviert.

„Bei der Ernte" (Bild: Michiels)

Insgesamt können in einem Jahr zwei Ernten erzielt werden, so daß für die Vorbereitung, Anlegung der Brut und Ernte insgesamt 6 Monate benötigt werden.

Die Arbeit einer Anlage beginnt mit der Vorbereitung des Düngers. (Präparation.) In den präparierten Dünger wird die Brut eingesetzt, aus der sich dann die Pilze entwickeln.

Die Probleme der Vorbereitung, Anlage und Züchtung liegen 1. in der Beschaffung des brauchbaren Pferdemistes, 2. in einer guten Brut, 3. in der Temperatur der Anlage.

Es kann nur Pferdemist verwandt werden von Pferden, die als Nahrung lediglich Hafer und Heu und ohne jeden Zusatz von Rüben, Stroh usw. erhalten, da sich sonst Keime bilden, die die Brut zerstören können. Auch die Qualität der Brut ist entscheidend für die Qualität und Quantität der Pilze. Bis jetzt muß noch die Brut aus dem Auslande, vor allem aus Frankreich und aus Ungarn bezogen werden. Es ist aber beabsichtigt und sind bereits Verhandlungen im Gange, nach Möglichkeit eine eigene Brutzucht in den Kreis Ahrweiler hineinzubekommen.

Den dritten entscheidenden Faktor zum Gedeihen der Pilze bildet die Temperatur. Das Problem des Anbaues eines sehr nahrhaften Pilzes liegt in der Möglichkeit gleichbleibender Temperatur, denn der Champignon-Pilz wächst ja auch wild draußen im Freien. Dort wächst er eben wild auf, d. h. bei äußerst günstigem feuchtwarmem Wetter wächst er sehr schnell und nimmt außergewöhnlich viel Wasser in sich auf und bei entsprechend kühlerem Wetter wächst er entsprechend langsamer. Dagegen soll in der Edelpilzzucht durch die Gleichhaltung der Temperatur und der Feuchtigkeit ein Qualitätspilz mit möglichst hohem Nährwert und möglichst geringem Wassergehalt erzeugt werden. Die Temperatur in den angebauten Tunnels hält sich fast gleichmäßig um 13° herum.

Auszug aus: Edelpilzzucht in Ahrweiler von Kreisleiter und Landrat Dr. Simmer in: Heimatkalender des Kreises Ahrweiler, Jahrgang 1936, Seite 142-144

Die Betriebsführung der gesamten Anlage erfolgt in der Form einer Genossenschaft mit einem Geschäftsführer, der für den geschäftlichen Teil verantwortlich ist, einem Betriebsführer, der für den technisch-betrieblichen Teil verantwortlich ist und dem Aufsichtsrat. Im Aufsichtsrat, mit dem Bürgermeister der Stadt Ahrweiler an der Spitze, sind sowohl die Arbeiter als auch führende verantwortliche Männer von Partei, Staat und Wirtschaft vertreten. Auch an den Stamm-Anteilen sind die beschäftigten Arbeiter beteiligt, so daß der gesamte Betrieb auf sozial-genossenschaftlicher Basis aufgebaut ist.

Wenn es nun noch gelingt, die Brut selbst im Kreise Ahrweiler herzustellen, wäre damit eine vollkommen neue Arbeitsmöglichkeit des Anbaues eines hochwertigen Nahrungsmittels auf deutschem Boden gewonnen.

Champignonzucht im Kuxbergtunnel 1936-1943

Sonderbergtunnel, als einzige heute noch im Originalzus[illegible] erhalten. Aufnahme 1950

Wie es zur A 4 /V 2-Rakete kam

Nach dem 1. Weltkrieg beschränkten der Versailler Vertrag jede militärische Entwicklung und Ausrüstung des 100000-Mann-Heeres. Dennoch gelang es findigen Männern aus der Reichswehr und der Wissenschaft, im geheimen die Entwicklung von Waffen zu betreiben, die das Deutsche Reich irgendwann wieder in die Lage versetzen sollten, die moralische und materielle Schmach des verlorenen Weltkrieges rückgängig zu machen.
Unter Adolf Hitler fielen alle Begrenzungen und die Rüstung für die Wehrmacht wurde ohne Rücksicht auf materielle und finanzielle Resourcen vorangetrieben.

Als die A 4 Serienreife erlangt hatte, blickten die Raketenpioniere um Wernher von Braun auf 8 Jahre Entwicklungsarbeit zurück, in denen viele technische und organisatorische Schwierigkeiten überwunden werden mussten. Der finanzielle Aufwand erforderte geschätzte 6-8 Milliarden Reichsmark.
Die Serienrakete kostete etwa 240.000 RM und war für die Rüstungsindustrie

Im folgenden wird in einer Zeittafel der Weg zur V 2 beschrieben:

1927-1932	Raketenbegeisterte Wissenschaftler experimentieren. Hauptproblem ist jedoch der Geldmangel.
1932	Offiziere des 100000-Mann-Heeres interessieren sich für die Raketen, darunter auch Hauptmann Dr. Ing. Walter Dornberger. Dieser und der 20-jährige Physikstudent Wernher von Braun von der TH Berlin finden so zusammen.
1937	Beide entwickeln das Aggregat A 1. Dies war eine flüssigkeitsgetriebene Rakete, die 300 Kilopond Standschub brachte. Alkohol als Energielieferant und flüssiger Sauerstoff erzeugten beim Verbrennen den Schub, der das A 1 2000 Meter weit trug. Dieser Erfolg machte weitere Gelder aus dem Militäretat frei: Heer und Luftwaffe ließen auf der Insel Usedom bei Peenemünde die großangelegte Heeresversuchsanstalt mit Luftwaffenanteil errichten.
1938	Das Heer forderte nun eine Rakete, die 1 Tonne Sprengstoff zuverlässig über 320 Kilometer ins Ziel tragen sollte. Dabei müßte sie transportfähig sein und dem genormten deutschen Eisenbahnverlademaß entsprechen. Entwicklungsergebnis war die sogenannte Kriegsrakete, zuerst A 4, später V 2 genannt.
1939	Mit dem A 5, etwa halb so groß wie die A 4, wurde u.a. das Lenksystem erprobt.
1940-1941	In Peenemünde werden die ersten A 4 entwickelt und gebaut.
13.06.1942	Erster Probeschuss des A 4, der jedoch fehlschlug.
16.08.1942	Der zweite Probeschuss war ein Teilerfolg, bei dem die Schallgeschwindigkeit überschritten wurde.
03.10.1942	Dieser Schuss war ein voller Erfolg, sodass nun die Serienfertigung befohlen wurde.
18.08.1943	Ein schwerer Luftangriff der Royal Air Force auf Peenemünde hat zur Folge, dass die Produktion der A 4 ins unterirdische „Mittelwerk" bei Nordhausen am Südrand des Harzes verlegt wird.

Bild unten:
Schussrichtung für A 4-Raketen vom Prüfstand VII in Peenemünde.

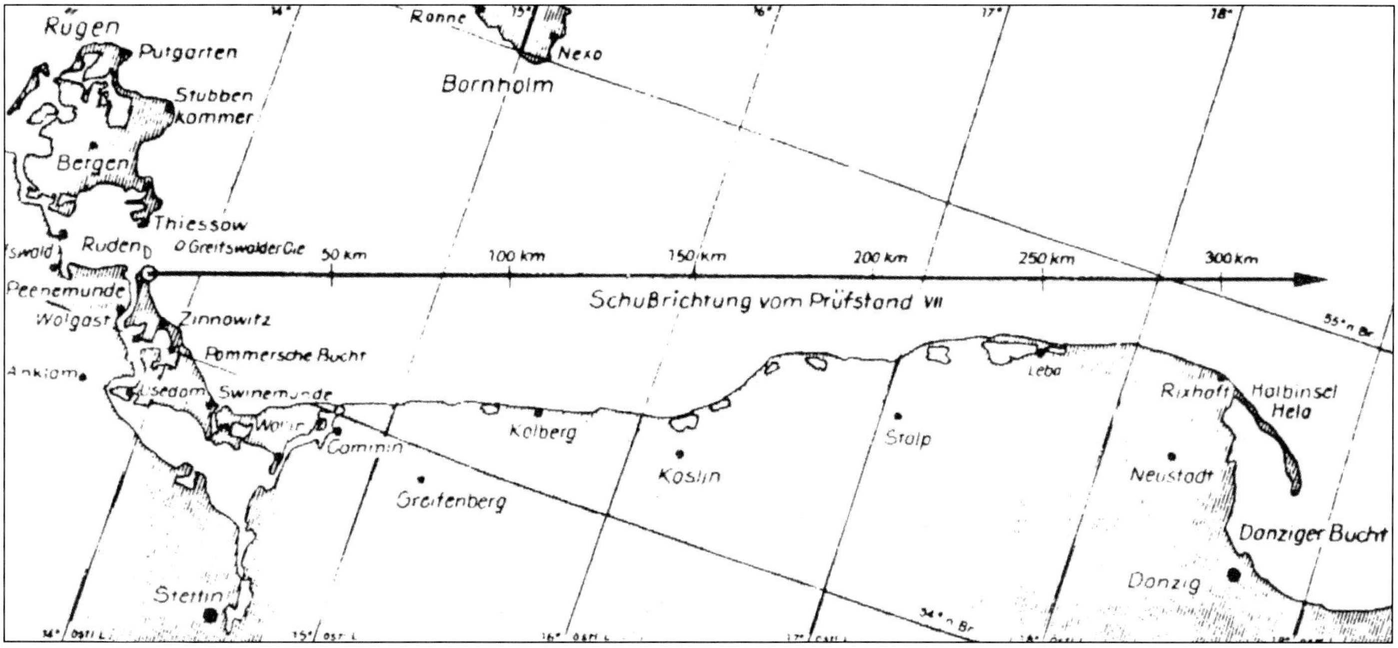

wegen der Komplexität und der ständig notwendigen Änderungen eine beträchtliche Belastung.

Der militärische Wert dieser Fernwaffe war dem gegenüber gering, weil die Treffergenauigkeit nur für große Flächenziele ausreichend war. Am 17. März 1945 hat es den einzigen taktischen Einsatz von V 2 auf das Punktziel Remagener Eisenbahnbrücke gegeben. Vom holländischen Deventer verschoss die SS-Werferabteilung 500 elf V 2 nach Remagen. Die erste Rakete war auch der nächtsliegende Einschlag – 300 mtr. von der Brücke entfernt. Die anderen schlugen bis zu 11 Kilometer westlich von Remagen ein. Ein Treffer in Ödingen hatte zivile Opfer zur Folge.

Die Vergeltungsangrifffe auf England, Belgien und Frankreich forderten ca. 15000 Todesopfer und etwa 46000 Verletzte. 3700 Häuser wurden zerstört und über eine Million beschädigt.

Wenn man diesen Zahlen die Opfer bei der Produktion der Rakete gegenüberstellt, sollte jedem der Wahnsinn dieses Unternehmens bewusst werden. Allein im Mittelbau „Dora" wurden mehr KZ-

Für die Serien V 2 galten folgende Werte:

Gesamtlänge	14,03 mtr.
Rumpfdurchmesser	1,651 mtr.
Spannweite der Leitflossen	3,564 mtr.
Hülle	1 mm Stahlblech
Leermasse	3129 kg
Startmasse	13300 kg
Nutzlast	975 kg. Sprengstoff
Triebwerk	Flüssigkeits-Raketentriebwerk
Brennstoff	Äthylalkohol + 25 % Wasser (3965 kg)
Sauerstoffträger	Flüssigsauerstoff (4970 kg)
Förderpumpenantrieb	Dampfturbine mit 680 PS, angetrieben durch Wasserstoffsuperoxyd (180 kg)
Bordenergie	2 Batterien a 16 Volt
Startschub	245 Kilonewton
Schub bei Brennschuss	294 KN (30.000 Kp) / 650 000 PS
Beschleunigung beim Start	o,9 g = 9,2 m/s
Beschleunigung beim BS	5-7 g = 49-69 m/s
Höchstgeschwindigkeit	1600-1700 m/sec. = 5760-6120 Km/h
Gipfelhöhe bei Weitschuss	80-100 km
Gipfelhöhe bei vertikalem Schuss	190 km
Reichweite	250-350 km
Flugzeit	ca. 5 Minuten

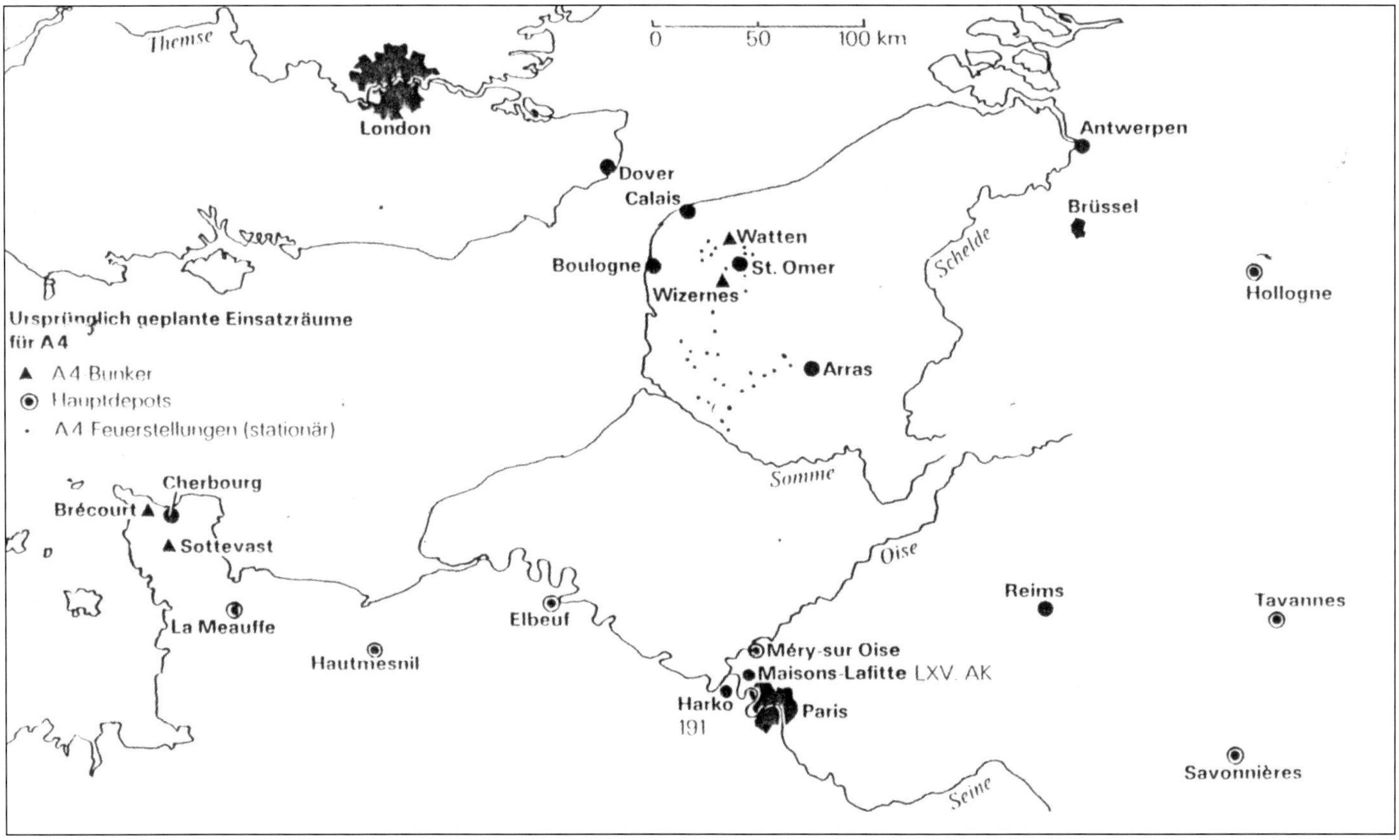

Lageplan mit den V 2-Grossbunkern am Pas de Calais und auf der Halbinsel Contentin von denen London beschossen werden sollte.

Aufstellung einer FR-Batterie (mot.)

Gliederung	Lfd. Nr.	Anzahl	Bezeichnung der Fahrzeuge	Wertgrad	befindet sich in
a, Führung	1	1	S-Krad m. Bwg	3	Nah-Protzstell. I
	2	1	m. gl. Pkw. (Kfz. 15)	3	· · · I
aa, Battr. Trupp	3	2	m. Krad	3	· · · I
	4	1	m. gl. Pkw. (Kfz. 12)	3	· · · I
	5	1	le. gl. Pkw. (Kfz. 1)	3	· · · I
	6	1	S-Krad m. Bwg	3	· · · I
	7	1	le. Meßtrupp Kw. (Kfz. 3)	2	· · · I
	8	1	Stabsausw. Kw. (Kfz. 62)	2	· · · I
b, Nachrichten-staffel	9	1	m. Krad	3	Funk i. Feuerstellg.
	10	1	Funk-Kw. (Kfz. 15)	2	Nah-Protzstell. I
gl. Fernsprechtrpp.	11	1	Nachrichten-Kw. (Kfz. 2)	2	· · · I
(a-mot)	12	1	Fernsprech-Kw (Kfz. 23)	2	· · · I
m. Funktrupp	13	1	Funk-Kw. (Kfz. 15)	2	Funk i. Feuerstellg.
(b-mot.)	14	1	Funk-Kfz. (Kfz. 17)	2	Nah-Protzstell. I
c, Fl-Zug	15	1	m-Krad	3	Nah-Protzstell. II
	16	1	le. gl. Pkw. (Kfz. 1)	3	· · · II
	17	1	Nachr. Kfz. (Kfz. 2)	2	· · · II
	18	1	m. gl. Pkw. (Kfz. 12)	3	· · · II
	19	2	m. gl. Lkw. (offen)	2	· · · II
	20	3	Lkw. (FF Kabel)	2	· · · II
	21	1	m. gl. Lkw. BS (Kfz 305)	1	Fernlenkstellg.
	22	1	Anh. Typ C	1	· · ·
	23	1	s. Masch. Satz A	1	· · ·
	24	2	LS-Sender Lkw	1	· · ·
	25	2	Ant. Anh.	1	· · ·
	26	1	s. Masch. Satz A	1	· · ·
	27	1	LS. Kontrollempf.	1	Feuerstellung
d, Gefechts-Battr.	28	2	m. Krad	3	Nah-Protzstell. I
	29	1	le. Meßtrupp Kw. (Kfz. 3)	2	· · · I
	30	1	m. gl. Pkw. (Kfz. 12)	3	· · · I
	31	1	m. Lkw. 3t	3	· · · I
	32	1	Zg. Kw. 12t (Sond. Kfz. 8)	3	· · · I
	33	1	s. Masch. Satz 11	1	Feuerstellung
	34	1	Kabeltrommelanh.	1	· ·
	35	1	gp. Feuerleitwagen	1	· ·
Gefechtsstaffel	36	3	m. Krad	3	Nah-Protzstell. I
	37	1	le. gl. Pkw. (Kfz. 1)	3	· · I
I. Zug aa. Schießtrpp.	38	1	m. gl. Pkw. (Kfz. 12)	3	· · · I
	39	1	m. gl. Lkw. (Kfz. 305)	1	Feuerstellung
	40	1	Zg. Kw. 12t (Sond. Kfz. 8)	3	Nah-Protzstell. I
	41	3	S. Radschlepper	3	1. Feuerst., 2 auf Marsch
	42	3	FR-Wagen (S)	1	1. · , 2 · ·
	43	1	Startplattform	1	Feuerstellung
II. Zug	44	1	m. gl. Pkw. (Kfz. 12)	3	Nah-Protzstell. I
	45	1	m. gl. Lkw. (Kfz. 305)	1	Feuerstellung
	46	1	Zg. Kw. 12t (S. Kfz. 8)	3	Nah-Protzstell. I
	47	3	S. Radschlepper	3	1. Feuerst., 2 auf Marsch
	48	3	FR-Wagen (S)	1	1 · , 2 · ·
	49	1	Startplattform	1	Feuerstellung
III. Zug	50	1	m. gl. Pkw. (Kfz. 12)	3	Nah-Protzstell. I
	51	1	m. gl. Lkw. (Kfz. 305)	1	Feuerstellung
	52	1	Zg. Kw. 12t (S. Kfz. 8)	3	Nah-Protzstell. I
	53	3	S. Radschlepper	3	1. Feuerst., 2 auf Marsch
	54	3	FR. Wagen (S)	1	1. · , 2 · ·
	55	1	Startplattform	1	Feuerstellung
e, Heeresflak-Zug	56	1	m. Krad	3	Flakstellung
	57	1	S. Krad. Bwg.	3	· ·
	58	1	le. gl. Pkw. (Kfz. 1)	3	· ·
	59	2	Selbstfahrlafette 8r	1	· ·
f, Gefechtstroß	60	1	m. Krad	3	Fern-Protzenstellg.
	61	1	le. Pkw. (O)	3	· · ·
	62	1	m. gl. Pkw. (Kfz. 12)	3	· · ·
	63	2	m. Lkw. (3t offen)	3	· · ·
	64	4	m. Lkw. (· ·)	3	· · ·
	65	2	m. Lkw. (· ·)	3	· · ·
	66	1	m. Lkw. (3t geschl.)	3	· · ·
	67	1	Krank. Kw. (Kfz. 31)	2	Nah-Protzstellg. I
Kfz. J.-Trupp	68	1	S. Krad. Bwg	3	Fernprotzenstellg.
	69	1	J. Kfz. 2/40	2	· · ·
	70	1	s. Masch. Satz A	2	· · ·
	71	2	Lkw. 4,5t (geschl.)	2	· · ·
	72	1	Lkw. 4,5t (offen)	2	· · ·
g, Verpfl. Troß	73	1	le. Pkw. (O)	3	· · ·
	74	1	m. Lkw. (offen)	3	· · ·
	75	2	m. Lkw. 3t (offen)	3	· · ·

Treibstoff-Kolonne

Gliederung	Lfd. Nr.	Anzahl	Bezeichnung der Fahrzeuge	Wertgrad	befindet sich in
a, Gruppe Führung	76	1	S-Krad Bwg	3	auf dem Marsch
	77	1	m. Krad	3	· · ·
	78	1	le. gl. Pkw. (Kfz. 1)	3	· · ·
b, 1. Staffel	79	1	le. gl. Pkw. (Kfz. 1)	3	· · ·
	80	4	S-Radschlepper	2	3 Feuerst., 1 Nahplatz I
	81	4	O-Transportanh.	1	3 · 1 · · I
	82	6	B-Tankwagen	1	Feuerstellung
c, 2. Staffel	83	1	le. gl. Pkw. (Kfz. 1)	3	auf dem Marsch
	84	4	S-Radschlepper		· · ·
	85	4	O-Transportanh.	1	· · ·
	86	6	B-Tankwagen	1	· · ·
d, 3. Staffel	87	1	le. gl. Pkw. (Kfz. 1)	3	Nah-Protzstell. I
	88	1	m. Lkw. 3t (offen)	3	· · I
	89	6	T-Stoff-Transportw.	1	3 Feuerst., 3 auf d. Marsch
	90	1	Sammler Lkw.	1	Feuerstellung
	91	3	Pumpenanh.	1	· ·
Feuerlösch-Trupp	92	1	Feuerlöschwagen	2	Nah-Protzstell. I
e, Gefechtstroß	93	1	m. Krad	3	Fern-Protzenstellg.
	94	1	le. Pkw. (O)	3	· · ·
	95	1	le. Lkw. 1,5t	3	· · ·
	96	1	m. Lkw. 3t	3	· · ·
	97	1	gr. Feldküche	3	· · ·
	98	1	m. Lkw. 3t (offen)	3	· · ·
Kfz.-J.-Trupp	99	1	S-Krad Bwg	3	· · ·
	100	1	Kfz. 2/40	2	· · ·
f, Verpfleg.- und Gepäcktroß	101	1	le. Pkw. (O)	3	· · ·
	102	1	le. Lkw. 1,5t	3	· · ·
	103	1	m. Lkw. 3t (offen)	3	· · ·

Der Fahrzeugbedarf einer Fernraketenbatterie summiert sich auf 152 Kraftfahrzeuge und Anhänger.

Geh. Kommandosache

Aufstellung sämtlicher Mot-Fahrzeuge

Gruppe I	Nr.	101	*	Sonder-Kfz.7 mit gep.Spezialaufbau
	"	102	*	FR-Anhänger (S) (3-achs.)
	"	103		Abschußplattform-Anhänger (1-achs.)
	"	104	*	Maschinensatz 11 (Strüver)
	"	105	*	Lkw 2 t (Steyr) als Stromversorgungswagen
	"	106	*	Lkw 3 t geschl. (305) Prüfwagen I
	"	107	*	Lkw 3 t geschl. (305) Prüfwagen III
	"	108	*	Kabeltrommelanhänger (2-achs)
	"	109		Sonder-Kfz. (Turmwagen)
	"	110	*	Kl.Kabeltrommelanhänger (1-achs)
Gruppe II	"	201	*	Lkw 3 t geschl. (305) Bs-Anlage 1
	"	202	*	Lkw 3 t geschl. (305) Bs-Anlage 2
	"	203		BS-Anhänger Type C (1-achs)
	"	204	*	BS-Antennen-Anhänger (1-achs.)
	"	205		Lkw 3 t geschl. (Maultier) LS-Sende-KW
	"	206		Lkw 3 t geschl. (Maultier) LS-Geräte-KW
	"	207		LS-Antennen-Anhänger (1-achs.)
	"	208	*	LS-Kontroll-Antennen-Anhänger (1-achs)
	"	209		Lkw 3 t geschl. (305) elektr.Vermessungs-An
Gruppe III	"	301		4,5 t Lkw geschl.I
	"	302		4,5 t Lkw geschl.II
	"	303		4,5 t offen III
	"	304	*	Lkw 3 t geschl.(305) FR-Ersatzteile
Gruppe IV	"	401	*	A-Stoff-Anhänger 5 (2-achs)
	"	402	*	A-Stoff-Anhänger 6 (2-achs)
	"	403		Kessel-KW 2900 l B-Stoff
	"	404		Kessel-KW 3500 l B-Stoff
	"	405	*	T-Stoff Lkw Type Kkw T 2100
	"	406	*	Pumpen-Anhänger Type A (1-achs)
	"	407		T-Stoff-Vorwärmer-Anhänger (1-achs)
	"	408	*	Lkw 4,5 t geschl. als Sammler-Lkw (heizbar)
	"	409		Löschanhänger (1-achs)
Gruppe V	"	501	*	Lkw 3 t geschl. (305) Prüfwagen II
	"	502	*	Lkw 3 t geschl. (305) Kabelwagen II
	"	503	*	Lkw 3 t geschl. (305) elektr.Ersatzteile
	"	504		s.Maschinensatz I
	"	505	*	Umformer-Anhänger 220/380 auf 27
	"	506	*	Luftverdichter-Anhänger (2-achs)
	"	507		Lkw 3 t offen Werkzeuge- u.Ersatzgerät
	"	508	*	Lkw 4,5 t geschl. als Sammler-Lkw (heizbar)
	"	509	*	Ladestation -Anhänger Type B (2-achs)
	"	510	*	Lkw 3 t geschl. (305) FR-Ersatzteile
	"	511	*	Zweiachs-Anhänger Kfz. Werkstattwagen
Gruppe VI	"	601 b		FR-Transport-Anhänger (2-achs)

Anmerkung des Autors: Die mit * bezeichneten Fahrzeuge wurden im Lager Rebstock bearbeitet

Häftlinge und versklavte Zwangsarbeiter aus vielen Ländern Europas durch Arbeit vernichtet.
Über die Opfer im Lager Rebstock liegen keine gesicherten Zahlen vor, dennoch gab es auch hier Todesopfer.
Nach vielen Rückschlägen bei der Entwicklung der A 4 in Peenemünde erging am 26. Juli 1943 der Aufstellungsbefehl des Heereswaffenamtes für Sonderformationen zum A 4-Kriegseinsatz.
In diesem Zeitpunkt hatten Techniker und Militärs noch sehr viele Probleme beim Versuchsschießen, die erst noch gelöst werden mussten. Dennoch sollten zwei Artillerie-Abteilungen am 01.09. (Art.Abt. 953) bzw. 01.10.1943 (Art. Abt. 836) mit der Ausbildung beginnen. Für diese neue Waffengattung wurden in Heer Freiwillige gesucht und gefunden. Als Übungsplätze standen anfangs Karlshagen und Groß Born, später Heidelager in Polen zur Verfügung. Zeitgleich mit der Aufstellung der Fern-Raketen (FR)-Verbände begann die Organisation Todt an der französischen Kanalküste mit dem Bau mächtiger Bunkeranlagen, aus denen London beschossen werden sollte. Für den Einsatz aus diesen stationären Anlagen war wahrscheinlich die Art.Abt. (t-mot) 953 vorgesehen.
Die Großbunker bei Watten, Wizernes und Siracourt wurden jedoch ab August von den alliierten Luftwaffen so zerbombt, dass die Wehrmachtsführung von diesem Vorhaben abließ und den V 2-Einsatz von mobilen Stellungen ausbilden ließ. In diesem Zusammenhang wurde auch Personal der Art.Abt.953 zur Aufstellung der Art.Abt. (mot) 485 herangezogen. Beide mobilen Verbände haben im März/April 1944 die Ausbildung abgeschlossen.
Als Lehr- und Versuchseinheit fungierte die Batterie 444, die schließlich am 08.09.1944 den FR-Kampf in den belgischen Ardennen eröffnete.
Auf dem Bild ist die Gliederung der FR-Waffe vom Herbst 1944 bzw. nach der Umgliederung ab Mitte Januar 1945 zu sehen.
Die Fahrzeugausstattung einer FR-Batterie und der Treibstoff-Kolonne summiert sich auf 161 Kraftfahrzeuge und ist im Hinblick auf Lager Rebstock wichtig.
Die fahrzeugausrüstende Abteilung in Peenemünde – Deckname Heeres-Artillerie-Park 11/HAP 11 – hat im September 1943 die Aufstellung sämtlicher Spezialkraftfahrzeuge der FR-Batterie erstellt (s. Seite 18).
Hierin fehlen handelsübliche Kraftfahrzeuge, die nicht besonders ausgestattet werden mussten.
Nach dem britischen Luftangriff am 17./18. August 1943 auf Peenemünde wurde der HAP 11 dezentralisiert. Unter Oberst Stegmaier wurde die Kommandostelle S gebildet, die in Köslin den Lehrstab und die FR-Schule betrieb und einen Versuchsstab unterhielt. Auf dem Truppenübungsplatz Heidelager, südlich von Warschau bei Blizna, konnte die Lehr- und Versuchsbatterie 444 mit A 4 schießen.

So stellte man sich bereits im März 1942 die Feuerstellung einer FR-Batterie vor.

Bild rechts:
Generalmajor Dr. Ing. Dornberger (links) besucht die Kommandostelle „S“ in Köslin. In der Mitte vorne deren Kommandeur Oberst Dipl. Ing. Stegmeier, rechts dahinter mit Fangschnur sein Adjudant Oberleutnant Bornträger.

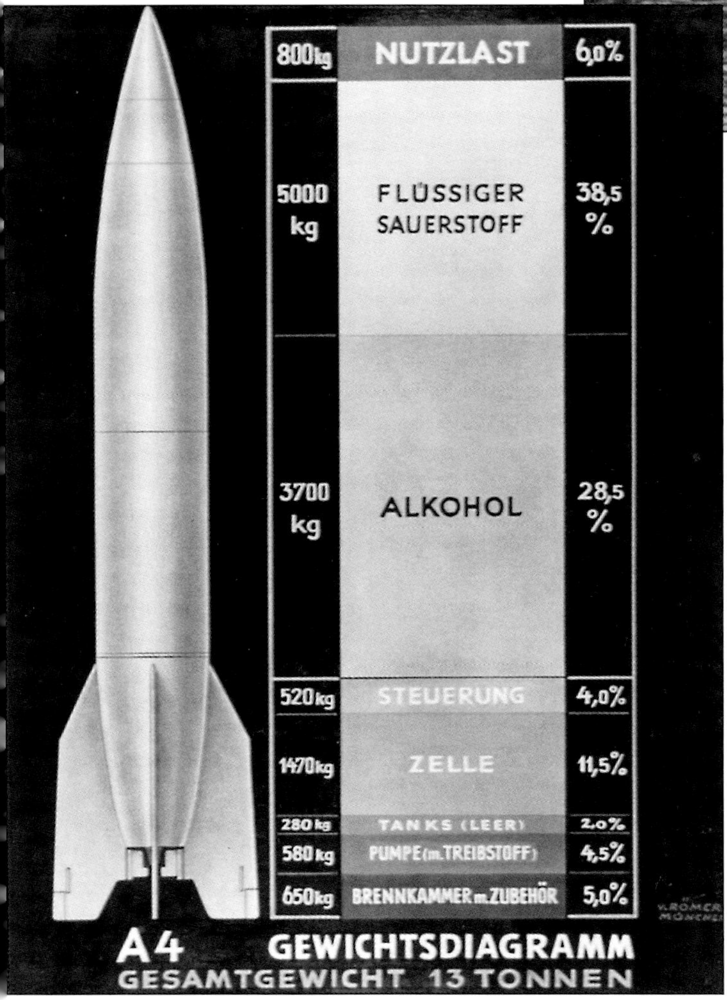

Quelle: Deutsches Museum

Bild unten:
Eine A 4 wird auf dem Prüfstand VII in Peenemünde startklar gemacht. (Herbst 1942)

Nach den ersten erfolgreichen A 4 Schießversuchen im Herbst 1942 befahl Hitler am 22.11.1942 den Bau von Großbunkern im besetzten Nordwest-Frankreich, um von dort englische Städte insbesonders London in Schutt und Asche schießen zu lassen.
Die Planungen begannen sofort und ab Frühjahr 1943 arbeiteten 6000 Angehörige der Organisation Todt (OT) in Erperlecques bei Watten am ersten Großbunker. Die Maße: Länge 90 mtr., Breite 60 mtr. und Höhe 21 mtr., davon 15 mtr. über dem Geländeniveau.
Es sollten 200.000 Kubikmeter Beton und 20.000 Tonnen Baustahl verarbeitet werden. Der Bunker hatte einen Gleisanschuß, Lagerplatz für 108 V 2 und eine eigene Flüssigsauerstoff-Gewinnungsanlage. Großzügige Tankanlagen im Innern für Sauerstoff, Alkohol, T- und Z-Stoff sollten den täglichen Verschuß von 36 V 2 gewährleisten. Die OT baute in Tag- und Nachtschichten mit ei-

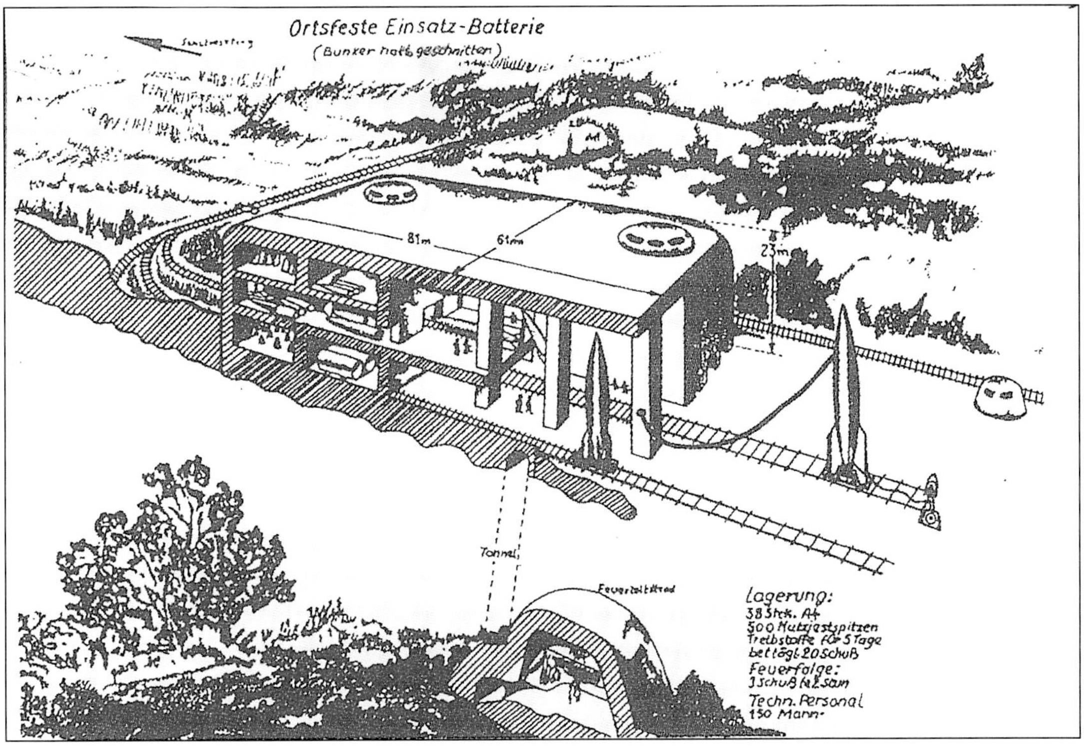

Die Planung von 1942: Raketenabschussbunker für V 2 bei Watten.

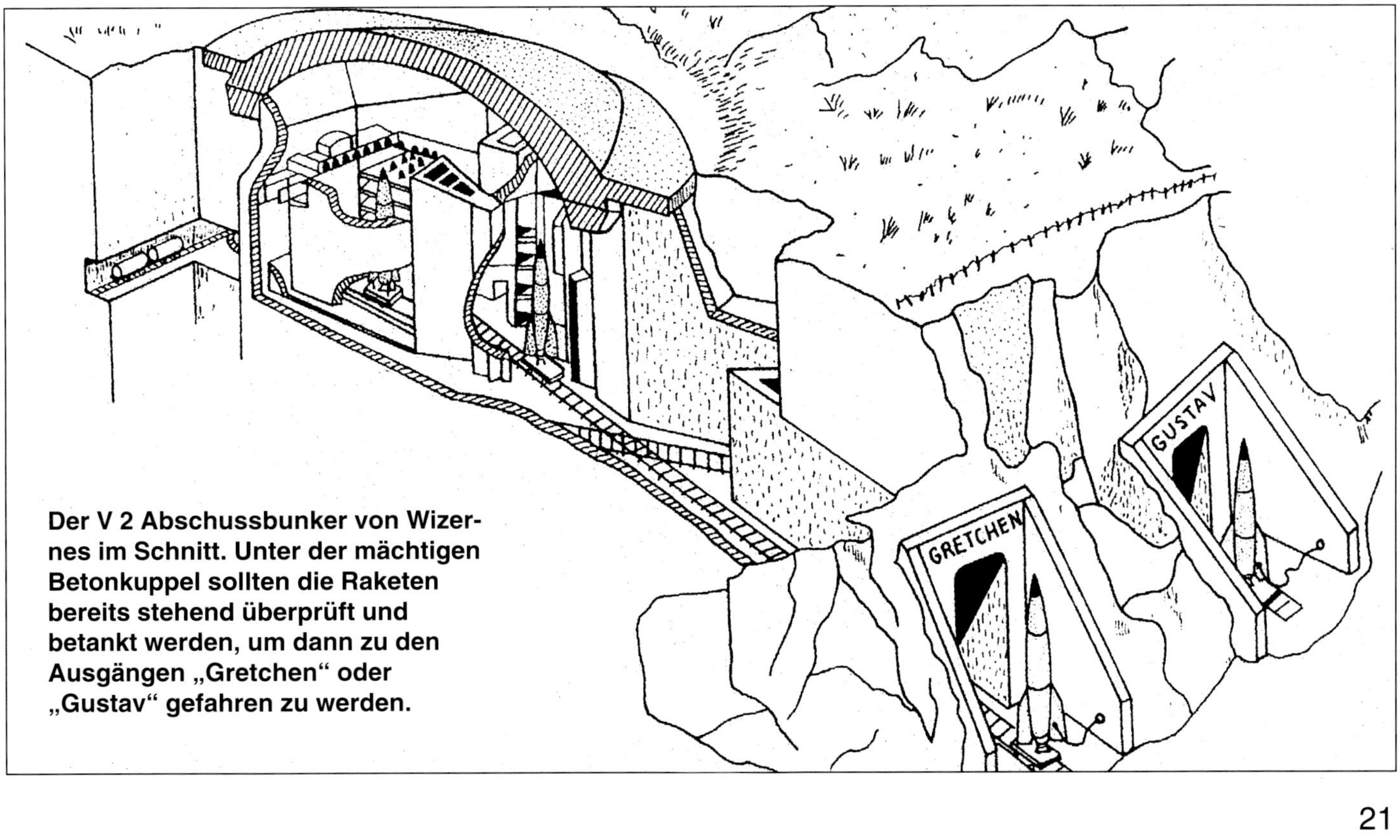

Der V 2 Abschussbunker von Wizernes im Schnitt. Unter der mächtigen Betonkuppel sollten die Raketen bereits stehend überprüft und betankt werden, um dann zu den Ausgängen „Gretchen" oder „Gustav" gefahren zu werden.

genen deutschen Fachleuten, vielen freiwilligen Franzosen die ihren Lebensunterhalt verdienen mußten und Zwangsarbeitern aus ganz Europa.
Obwohl die Stahlbetondecken bis zu 5 mtr. mächtig waren, gelang es der 8. US Air Force am 27. 8. 1943 mit 185 viermotorigen, fliegenden Festungen B 17 die im Bau befindliche Anlage so zu treffen, daß die Pläne reduziert bzw. aufgegeben wurden.
Weitere Angriffe bis zum 7. September führten dazu, daß nur noch die Produktionsanlage für Flüssigsauerstoff in Betrieb genommen wurde.
Die Zerstörung des Bunkers bei Watten veranlaßte Hitler zum Befehl, den als Hauptlager vorgesehenen Bunker bei Wizernes als Abschußbunker vorzusehen. Bereits im September 1943 wurde mit den Arbeiten begonnen. Der Bunker hatte eine Stahlbetonkuppel von 90 mtr. Durchmesser und 3,80 mtr. Dicke in der Mitte.
Doch auch dieses Projekt blieb der alliierten Aufklärung nicht verborgen. Kleineren Angriffen im März folgte dann am 17.Juli 1944 der entscheidende Angriff der Royal Air Force, bei dem sie 5,2 Tonnen Tallboy Bomben einsetzte.
Obwohl kein direkter Treffer auf die Betonkuppel erzielt wurde, mußte die komplette Anlage aufgegeben werden. Eine Million Tonnen Stahlbeton waren „in den Sand gesetzt“ und der Plan, aus diesem Bunker bei Wizernes täglich 50 V 2 zu verschießen, hinfällig. Im Übrigen eroberten bald auch kanadische Invasionstruppen diese Region.
Heute befinden sich in beiden Großbunkern bzw. den Resten Museen, deren Besuch sich lohnt.
Der Bunkerfan Hitler hatte auch noch zwei weitere Abschußbunker auf der Halbinsel Cotentin im Raume Cherbourg planen lassen. Bei Sottevast, 12 Kilometer südlich von Cherbourg, war eine Anlage wie bei Watten geplant und auch im Bau, als alliierte Fotoaufklärer die Baustelle erstmals am 31.Oktober 1943 fotografierten. Ab Februar 1944 begann das Bombardement. Die amerikanischen Invasionstruppen besetzten im Juli 1944 das Gelände und fanden einen zerstörten und unvollendeten Bau vor.
Die vierte Bunkeranlage bei Brecourt wurde wahrscheinlich gar nicht erst ernsthaft begonnen, weil die Verantwortlichen in Berlin und Peenemünde alle Pläne für den stationären verbunkerten Abschuß der V2 ab dem Invasionsdatum ganz fallen ließen.
Nun wurde mit Hochdruck daran gearbeitet, die V 2 so schnell wie möglich von mobilen, schwer aufklärbaren Abschußstellen aus einzusetzen. Die Frontlage im West und Osten war katastrophal und die Machthaber in Berlin wollten endlich die niedergeschlagene Stimmung im Volke durch den Einsatz der sogenannten Vergeltungswaffen beruhigen.

Der Großbunker von Watten nach den Bombenangriffen.

Aus der Pilzzuchtanlage wird das Lager Rebstock

Das Rüstungskommando Koblenz war verantwortlich für die Einrichtung der Eisenbahntunnel zu Rüstungszwecken. Dort liefen alle Fäden zusammen, um aus der Champignonzucht eine arbeitsfähige Produktionsstätte zu machen.

Das Rükdo Koblenz veranlasste die Bereitstellung der Arbeitskräfte und war gleichermaßen zuständig für die Zuführung der Baustoffe, Baumaschinen und Energie (Strom, Kohle und Kraftstoffe).
Im Kriegstagebuch (KTB) des Rükdo Koblenz steht unter dem 17.12.1943, dass eine Besprechung der Verantwortlichen zur Maßnahme „Rebstock“ stattfand. Das Ergebnis ist als Aktenvermerk in Anlage VII zusammengefasst.

Der allgemeine Mangel an Arbeitskräften im fünften Kriegsjahr führt zu ständigen Umsetzungen, so dass das Rükdo Koblenz im KTB feststellt, dass „das Handwerk im Gegensatz zur kriegswichtigen gewerblichen Wirtschaft heute nicht mehr in der Lage ist, die ihm übertragene Kriegsfertigung und die ihm gestellten Aufgaben zur Sicherung der dringenden Versorgung der Zivilbevölkerung zu erfüllen“.
Die Feststellung wird begründet mit dem „Verlust einer erheblichen Zahl von Fachkräften durch Dienstverpflichtung für vordringliche Kriegsfertigung und für die Sonderbaumaßnahmen „Rebstock“ und „Wellen“.
Der Verlagerungsausschuss der Rükdo Koblenz befasste sich in 2 Sitzungen (18.01.1944 und 05.02.1944) mit kriegswichtigen Verlegungen; darunter an erster Stelle: OKH Wa Prüf 11 nach Rebstock. OKH Wa Prüf 11 war der Name für das V 2-Unternehmen, welche später in HAP 11 - Heeres-Artillerie-Park 11 umbenannt wurde.

In Bezug auf den Arbeitskräfteeinsatz wird festgestellt, dass „zusätzlicher Kräftebedarf durch Sonderbaumaßnahmen (Rebstock, Obermosel, A 7) und Verlagerungen“ besteht.

Die Sonderbaumaßnahme Tunnelausbau A 7 (Reichsbahntunnel Treis-Bruttig, Deckname „Zeisig“) war angelaufen. Neben dem Einsatz von Häftlingen waren sofort 387 deutsche Arbeitskräfte -

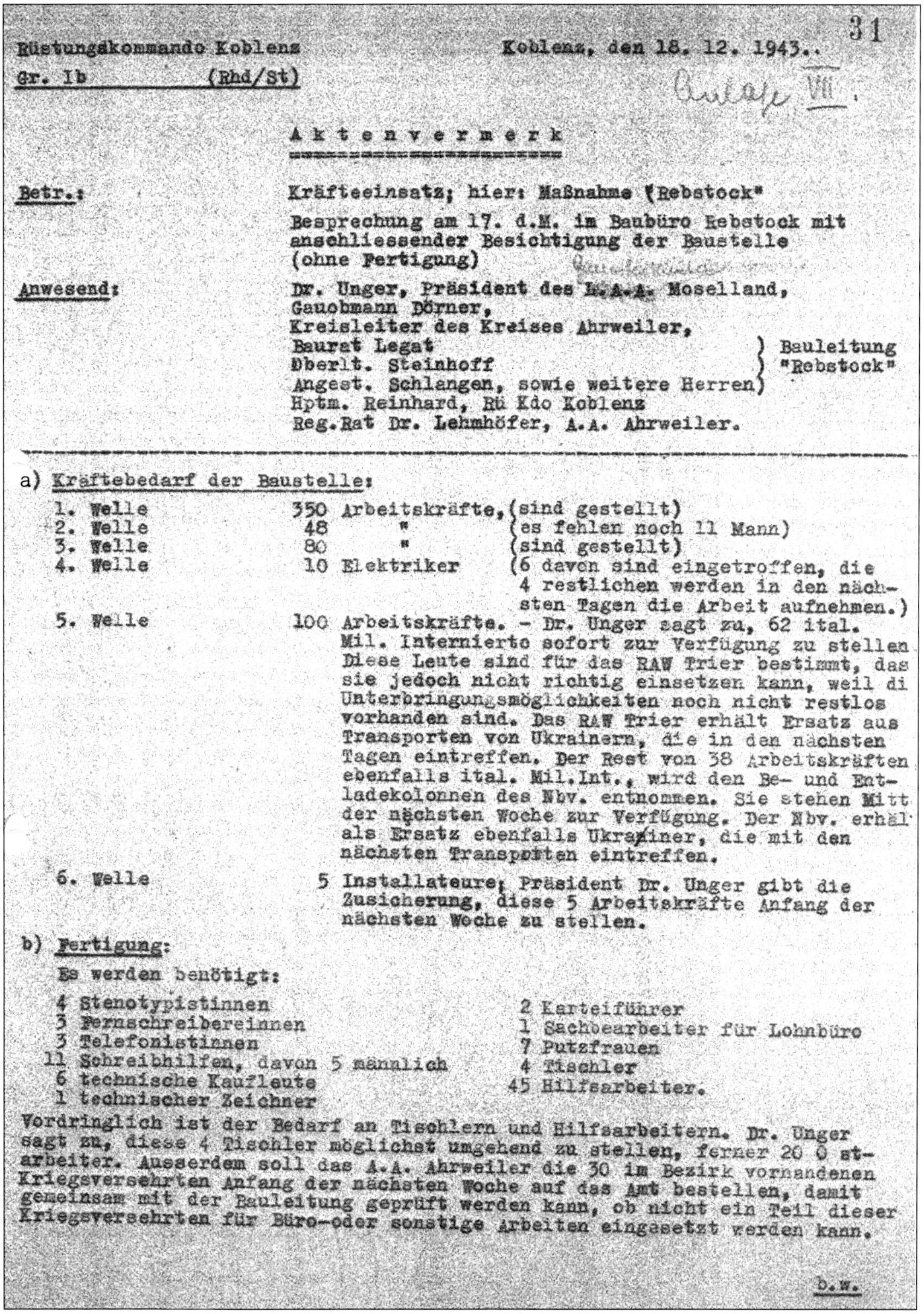

31

Rüstungskommando Koblenz — Koblenz, den 18. 12. 1943..
Gr. Ib (Rhd/St)

Anlage VII.

Aktenvermerk

Betr.: Kräfteeinsatz; hier: Maßnahme "Rebstock"
Besprechung am 17. d.M. im Baubüro Rebstock mit anschliessender Besichtigung der Baustelle (ohne Fertigung)

Anwesend: Dr. Unger, Präsident des L.A.A. Moselland,
Gauobmann Dörner,
Kreisleiter des Kreises Ahrweiler,
Baurat Legat, Oberlt. Steinhoff, Angest. Schlangen, sowie weitere Herren } Bauleitung "Rebstock"
Hptm. Reinhard, Rü Kdo Koblenz
Reg.Rat Dr. Lehmhöfer, A.A. Ahrweiler.

a) Kräftebedarf der Baustelle:

1. Welle 350 Arbeitskräfte, (sind gestellt)
2. Welle 48 " (es fehlen noch 11 Mann)
3. Welle 80 " (sind gestellt)
4. Welle 10 Elektriker (6 davon sind eingetroffen, die 4 restlichen werden in den nächsten Tagen die Arbeit aufnehmen.)
5. Welle 100 Arbeitskräfte. - Dr. Unger sagt zu, 62 ital. Mil. Internierte sofort zur Verfügung zu stellen Diese Leute sind für das RAW Trier bestimmt, das sie jedoch nicht richtig einsetzen kann, weil di Unterbringungsmöglichkeiten noch nicht restlos vorhanden sind. Das RAW Trier erhält Ersatz aus Transporten von Ukrainern, die in den nächsten Tagen eintreffen. Der Rest von 38 Arbeitskräften ebenfalls ital. Mil.Int., wird den Be- und Entladekolonnen des Nbv. entnommen. Sie stehen Mitt der nächsten Woche zur Verfügung. Der Nbv. erhäl als Ersatz ebenfalls Ukrainer, die mit den nächsten Transporten eintreffen.
6. Welle 5 Installateure; Präsident Dr. Unger gibt die Zusicherung, diese 5 Arbeitskräfte Anfang der nächsten Woche zu stellen.

b) Fertigung:

Es werden benötigt:

4 Stenotypistinnen
3 Pernschreibereinnen
3 Telefonistinnen
11 Schreibhilfen, davon 5 männlich
6 technische Kaufleute
1 technischer Zeichner
2 Karteiführer
1 Sachbearbeiter für Lohnbüro
7 Putzfrauen
4 Tischler
45 Hilfsarbeiter.

Vordringlich ist der Bedarf an Tischlern und Hilfsarbeitern. Dr. Unger sagt zu, diese 4 Tischler möglichst umgehend zu stellen, ferner 20 O starbeiter. Ausserdem soll das A.A. Ahrweiler die 30 im Bezirk vorhandenen Kriegsversehrten Anfang der nächsten Woche auf das Amt bestellen, damit gemeinsam mit der Bauleitung geprüft werden kann, ob nicht ein Teil dieser Kriegsversehrten für Büro-oder sonstige Arbeiten eingesetzt werden kann.

D.W.

- 2 -

Dr. Unger will dem Arbeitsamt/ein Auflage machen, die vorstehenden Arbeitskräfte zu stellen, doch kann er zunächst noch keine Zusage machen, ob dieses restlos möglich ist.

Hptm. Reinhard übernimmt es, bei der Firma Stephansdach, Sinzig, anzufragen, ob sie nicht einen technischen Zeichner abgeben kann.

Eingehend wird die schwierige Arbeitseinsatzlage im Gau-Gebiet durchgesprochen. - Auf der anderen Seite haben die Teilnehmer der Besprechung die feste Überzeugung, dass die angeforderten Kräfte sämtlich gestellt werden müssen, damit die Fertigung termingemäss in Gang kommt.

Dokument unten:
Für das IV. Quartal 1943 vermerkt das KTB unter Bauvorhaben:

Bauvorhaben.

Die Überprüfung der Anträge auf Ausnahmegenehmigung vom Bauverbot erstreckte sich hauptsächlich auf die Notwendigkeit des Bauvorhabens. Bei Baugenehmigung musste sich das Rü Kdo wiederholt auch bei der Durchführung hinsichtlich der Beschaffung von Baustoffen usw. einschalten. So in ganz besonderem Masse bei der Durchführung von Bauarbeiten im Lager "Rebstock", wo in kürzester Zeit grosse Mengen Holz, Steine, Zement und Geräte zu beschaffen waren.

Für das I. Quartal 1944 ist zu lesen:

Versorgung der Betriebe mit Betriebsmitteln.

Am 8.2.44 fand eine Besprechung über die Kohlenlage beim L.W.A. Koblenz unter Vorsitz eines Vertreters der Reichskohlenstelle statt. Im Auftrage von Rü In XIIb nahm Gruppe TB an der Sitzung teil. Weiter musste sich die Gruppe wiederholt einschalten in der Kohlenversorgung der Betriebe, wobei insbesondere auf grosse Anforderungen von Lager Rebstock hinzuweisen ist.

Während die Versorgung mit Strom und Gas ausser den normalen Arbeiten kein besonderes Einschalten von TB erforderlich machte, mussten in der Belieferung mit Kohle manche Schwierigkeiten aus dem Wege geräumt werden. Die Firma Romika K.G., Gusterath kam wegen Kohlenmangel zum Stillstand. Es gelang, die Fertigungsunterbrechung auf einige Tage zu begrenzen und Kohle heranzuschaffen, obschon die Firma mehrere Monate hindurch ihre Höchstverbrauchsmenge überschritten hatte. Bei mehreren anderen Betrieben konnte Stillegung verhütet werden.

hauptsächlich Baufacharbeiter zu stellen. Dieser Kraftakt war nur dadurch möglich, dass das Bauvorhaben Moselstaustufe (Energiegewinnung) vorerst teilweise stillgelegt wurde und Arbeitskräfte der Baumaßnahme Rebstock, deren Bauprogramm abgeschlossen ist und der sonstigen kriegswichtigen gewerblichen Wirtschaft entzogen wurden.
In einem KTB-Aktenvermerk vom 29.03.44 zur Baumaßnahme A 7 steht, dass u.a. auch Vertreter des Bauunternehmens Wilhelm Fix aus Bad Neuenahr teilnahmen. Diese Firma hatte damals 12 Stammleute bei A 7 im Einsatz. Den weiteren Bedarf von 309 deutschen Arbeitskräften dachte man u.a. durch 50 Facharbeiter aus der Baumaßnahme Rebstock decken zu können.
Am 17.04. wurden erneut 50 Elektriker für A 7 gefordert und viele davon hatten zuvor die Rebstocktunnels installiert.
Der Chef des Heereswaffenamtes General der Artillerie Leeb, Oberstleutnant Gross und Hauptmann Jutzi besichtigten am 01. Juni 1944 die Fertigung der Fa. Gollnow und Sohn im Lager Rebstock. Diese Firma, Winkler & Dünnebier und Arnold Georg in Neuwied verlangen im II. Quartal 1944 eine größere Anzahl Maschinen zum sofortigen Einsatz für Sonderprogramme bzw. Umstellung der Fertigung.

Das Rüstungsamt stellt am 04. August 1944 fest, dass Eisenbahntunnel als unterirdische Räume und im Ahrtal zur Verfügung stehen:

1. Silberbergtunnel (Ahrweiler) (XII b) - „Fasan“; 4800 qm verfügbare Fläche Vorgesehen für Firma Funke und Rick, Hagen und Volkswagenwerk. Es sollten dort Schrauben (Funke und Rick) und Fi 103 (V 1) vom VW-Werk produziert werden.
2. a)Kuxbergtunnel - „Rebstock“
   11 000 qm Fläche
   Oberkommando des Heeres, Wa Prüf 11, Fa. Gollnow & Sohn in Betrieb
   b)Trotzenbergtunnel
   11 600 qm
   Vorgesehen für Volkswagenwerk, V 1-Endmontage
   c)Sonderbergtunnel
   1 000 qm
   Vorgesehen für Volkswagenwerk, V1-Endmontage
   d)Herrenbergtunnel
   3 200 qm
   vorgesehen für Volkswagenwerk, V1-Endmontage

[2] Anmerkung des Verfassers:
Zu diesem Zeitpunkt und bis Mitte Dezember 1944 wurden die Tunnel 2 b, c und d tatsächlich genutzt von Lager Rebstock, Fa. Gollnow & Sohn.

Was hat Rebstock produziert?

Wernher von Braun, der Leiter der V2-Entwicklung, steuert von Peenemünde (Karlshagen) aus die Entwicklung bzw. Produktion der Raketen und der Bodenfahrzeuge. Am 17. März 1944 lädt er zu einer Arbeitstagung alle beteiligten Techniker, Wehrmachtsoffiziere und Firmenvertreter ein, um am 24. Und 25. März 1944 im Lager Rebstock die anstehenden Probleme mit den Bodenfahrzeugen besprechen zu lassen.

Im Lager Rebstock geht es dabei vorrangig um die Fahrzeuggruppe 1, die in der Feuerstellung zum Einsatz kommt.

In der Besprechungsniederschrift vom 25.03.1944 wird Stellung genommen zu

In Peenemünde: links Generalmajor Dornberger, rechts Wernher v. Braun

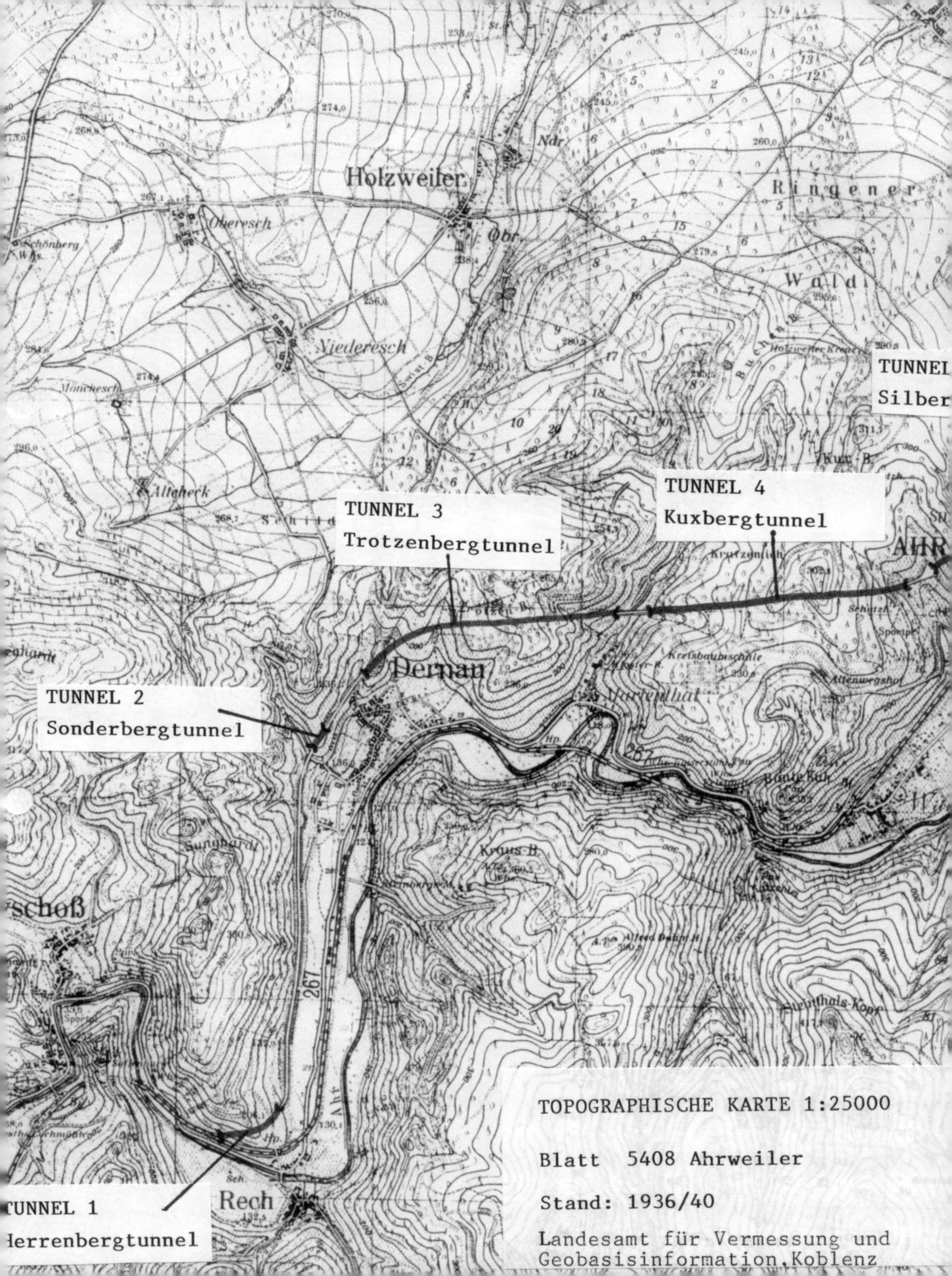

TOPOGRAPHISCHE KARTE 1:25000

Blatt 5408 Ahrweiler

Stand: 1936/40

Landesamt für Vermessung und Geobasisinformation, Koblenz

1

Bengen
Karweiler
Tongrube
Wolfskaul
Lantershofen
Först-B.
Kessel-B.
Bad-
Neuenahr
Sportpl.
Strandbad
Ahr
Bachem
Kloster
Augusta Höhe
Station
Calvarienberg
Schönberg
Karls-B.
Hardt-B.
Waldesruh
Fürstenberg-Höhe
Neuenahrer
Wald
Stecken-B.
Geisels-B.
Heimershei
rweiler
Breite-Kopf

Blatt 1

Geheime Kommandosache

TD 1 Karlshagen, den 17. März 1944

Bb.Nr.: E 928 /44 g Kdos.H/M

H AP

Bearbeiter 60 Ausfertigungen

Betr.: Arbeitstagung. Kd. ...te Ausfertigung.

6 557445 K

In der Zeit vom 23.3.44 bis 1.4.44 findet eine Besprechungsreihe statt mit dem Zweck, den Fertigungsdienst der Bodenfahrzeuge zu bereinigen.
Es sollen nachfolgende Fahrzeuggruppen im einzelnen durchgesprochen werden (siehe Geheimschreiben E 1745/44g vom 29.2.44):-

Fahrzeuggruppe 1 — Sachbearb.: Ing. Vogt TD 531
Feuerstellung — Vertreter:

1o1	Sonder-Kfz.7 m.gep.Spezial-aufbau	Ing. Staadt TD 531
1o2	FR-Anhänger (S)(3-achs)	Ing.Heinisch z.Zt.WaPrüf
1o3	Abschußplattform Anhänger (1-achs)	Ing. Heinisch
1o4	Masch.Satz 11 (Strüver)	Dipl.Ing.Pauls TD 531
1o5	Lkw-2 t (Steyr) als Strom-versorgungswagen	Dipl.Ing.Pauls "
1o6	Lkw 3 t geschl. (3o5) Prüfwagen I	Ing. Decker TD 5313 Ing. Edler TD 41
1o7	Lkw 3 t gesch. (3o5) Prüfwagen III	Ing. Decker TD 5313 Ing. Edler TD 41
1o8	Kabeltrommel-Anhänger (2-achs)	Dipl.Ing.Pauls TD 531

Fahrzeuggruppe 2 — Sachbearb.: Dipl.Ing. Hoberg TD 531
Fernlenkstellung — Vertreter:

2o1	Lkw 3 t gl geschl. (3o5) f. BS-Anlage 1	Dipl.Ing.Scheibe TD 5313
2o2	Lkw 3 t gl.gesch. (3o5) f. BS-Anlage	Dipl.Ing.Scheibe "
2o3	BS-Anhänger, Typ C (1-achs)	Dipl.Ing. Scheibe "
2o4	BS-Antennen-Anhänger (1-achs)	Dipl.Ing. Scheibe "
2o5	Lkw 3 t gl geschl.(Maultier) Ls-Sende-Kw.	Dipl.Ing. Handl "
2o6	Lkw 3 t gl geschl. (Maultier) Ls-Geräte-Kw.	Dipl.Ing.Handl "
2o7	Ls-Ant-Anhänger (1-achs)	Dipl.Ing.Handl "
2o8	Ls-Kontroll-Ant.-Anh. (1-achs)	Dipl.Ing.Handl "

b.w.

Fahrzeuggruppe 3 — Sachbearb.: Ing. Edler TD 41

Protzenstellung.

301	Werkstatttruppf. Gerät u. Kfz. Lkw 4,5 t geschl. 1	Uffz. Streit	z. Zt. Wa Prüf 11/III
302	Lkw 4,5 t geschl. 2	Uffz. Streit	"
303	Lkw 4,5 t offen	Uffz. Streit	
304	Lkw 3 t gl geschl. (305) f. Ersatzteile	Ing. Schwedes	TD 5313

Fahrzeuggruppe 4 — Sachbearb.: Ing. Edler TD 41, Vertreter:

T-Kolonne

401	A-Stoff-Anhänger 5 (2-achs)	Ing. Nettersheim	TD 41
402	A-Stoff-Anhänger 6 (2-achs)	Ing. Nettersheim	TD 41
403	Kessel-Kw 2900 l B-Stoff	Ing. Busekros	TD 41
404	Kessel-Kw 3500 l B-Stoff	Ing. Busekros	TD 41
405	Kessel-Kw 2100 l T-Stoff	Ing. Busekros	TD 41
406	Pumpenanhänger Typ A (1-achs)	Ing. Busekros	TD 41
407	T-Stoff-Vorwärm-Anh. (1-achs)	Ing. Nettersheim	TD 41
408	Lkw 4,5 t gl geschl. als Sammler-Kw. heizbar	wird bei Fahrzeuggruppe 5 bearbeitet.	

Fahrzeuggruppe 5. — Sachbearb.: Ing. Fichtner TD 531

Technische Batterie

501	Lkw 3 t gl geschl. (305)	Dipl. Ing. Pauls	TD 531
502	Lkw 3 t gl geschl. (305) Kabelwagen II	Ing. Schwedes	TD 531
503	Lkw 3 t gl geschl. (305) el. Ersatzteile	Ing. Schwedes	TD 531
504	schw. Masch. Satz I	Dipl. Ing. Pauls	TD 531
505	Umformer-Anhänger 220/380 auf 27	Dipl. Ing. Pauls	TD 531
506	Luftverdichteranhänger (2-achs)	Ing. Papenhausen	TD 41
507	Lkw 3 t gl offen Werkzg. u. Ersatzg. (Akku)	Ing. Schwedes	TD 531
508	Lkw 4,5 t geschl. als Sammler-Kw heizbar	Ing. Schwedes Ing. Heller	TD 531 TD 41
509	Ladestation-Anhänger Typ B (2-achs)	Ing. Schwedes	TD 531
510	Lkw 3 t gl geschl. (305) FR-Ers. Teile (Werkst)	Dipl. Ing. Pauls	TD 531
511	2-achs-Anh. Werkstattwagen	Ing. Schwedes	TD 531

Blatt 2

Fahrzeuge, die im Vorgang nicht genannt sind, also Eisenbahnfahrzeuge, Vidalanhänger, Brennschluß- und LS-Neuentwicklungen, sollen nicht besprochen werden.

Die Sachbearbeiter werden gebeten, im einzelnen über den Gang und Stand der Entwicklung der von ihnen betreuten Fahrzeuge zu berichten und sich über die noch schwebenden Fragen genauestens zu informieren. Sämtliche hierzu erforderlichen Unterlagen sind mitzubringen. Alle beteiligten Stellen sind aufgefordert, Wünsche und Anregungen auf dieser Tagung vorzutragen.
Die getroffenen Festlegungen werden in der Schlußbesprechung zu Protokoll genommen und die Fertigung hiernach ausgerichtet.
Die Durchführung der Tagung ist in beiliegendem Programm im einzelnen festgelegt.

Anmerkung zur Durchführung der Tagung:

Für Unterkunft und Verpflegung ist gesorgt. Dienstreiseanträge sind von den betreffenden Herren selbst zu stellen.
Die Teilnehmer für LR melden sich am 23.3. nachmittags beim Rüstungskommando Koblenz.
Teilnehmer für Lubmin und Karlshagen I wohnen in Zinnowitz Hotel Schwabe. Es wird gebeten die erfolgte Ankunft an TD 15 zu melden. Tel.: Karlshagen I, App. 340 und 7736.

den Fahrzeugen:
101 – Feuerleitpanzer
102 – Fernraketenanhänger (Meillerwagen)
103 – Abschlussplattform – Anhänger
105 – Stromversorgungswagen (Steyr)
108 – Kabeltrommelanhänger (2-achs)
110 – Kabeltrommelanhänger (1-achs)

Neben den aufgetretenen Mängeln und deren geplanter Behebung wird auch die Fertigungslage im Lager Rebstock dargestellt und bestimmt, welche Abteilung/Batterie beliefert werden soll.
Etwa einen Monat vor dem ersten Einsatz der V2 aus den Ardennen wird ein Bereitstellungsplan gefasst, der die Fahrzeugausrüstung der beiden Artillerie-Abteilungen 485 (Gruppe Nord) und 836 (Gruppe Süd) festlegt.

Am Beispiel des Fahrzeugs 101 (Feuerleitpanzer) wird in dieser Dokumentation dargestellt, welcher Zeit- bzw. Personalbedarf für die von der Truppe verlangten Änderungen im LR kalkuliert wird.

Die in dieser Phase der Kriegswirtschaft schmerzenden Materialengpässe werden beim Namen genannt. Der Fertigungszustand der Fahrzeuge im LR und die vorgesehenen Front- und Ausbildungseinheiten werden dargestellt.
Das Fahrzeug 305, der 3 t LKW mit geschlossenem Kastenaufbau auf Opel-Blitz-Fahrgestell und im LR modifiziert in die Fahrzeuge Nr. 106, 107, 201, 202, 209, 304, 501, 502, 503 und 510 bearbeitete auch ein Betrieb aus Ahrweiler. Die Firma Geschier fertigte Einbauten für dieses Spezialfahrzeug.[3]

Eine weitere sehr wichtige Aufgabe hatten Ingenieure im LR, die Prof. von Braun unterstellt waren. Am 19.09.1944 erlässt dieser eine Dienstanweisung, in der die Fertigungsaufsicht Spezialfahrzeuge (FAS) definiert wird. Der Dienstsitz der FAS ist Karlshagen bei Peenemünde (Leiter Dr. Mahlo), eine Nebenstelle befindet sich im Lager Rebstock, deren kommissarischer Leiter

[3] (Quelle: PRO, WO 208/3131)

Kommando-Fahrzeug, 1944 für den Einsatz der A 4-Rakete. Fahrzeug Nr. 101 - Sonder-Kfz 7 mit gepanzertem Spezialaufbau. „Feuerleitpanzer"

Baurat Krause ist, Stellvertreter Dipl.-Ing. Pauls.
Für Lager Rebstock werden neben Dipl.-Ing. Pauls die Sachbearbeiter Staadt, Kempein, Voigt, Schredes – allesamt Ingenieure – genannt. Aufgabe dieser Spezialisten ist die Überwachung bei der Fertigung, die Abnahme in Zusammenarbeit mit Heeresabnahmestellen. Darüber hinaus sollen Änderungen, die auf Grund von Truppenerfahrungen notwendig werden, durchgeführt und nicht zuletzt eine technische Betreuung der an die Truppe ausgelieferten Fahrzeuge vorgenommen werden.[4]

Hoher Besuch aus Berlin: links Dornberger, mit Anzug von Braun

[4] Quelle: Deutsches Museum München, GD 639.5.18

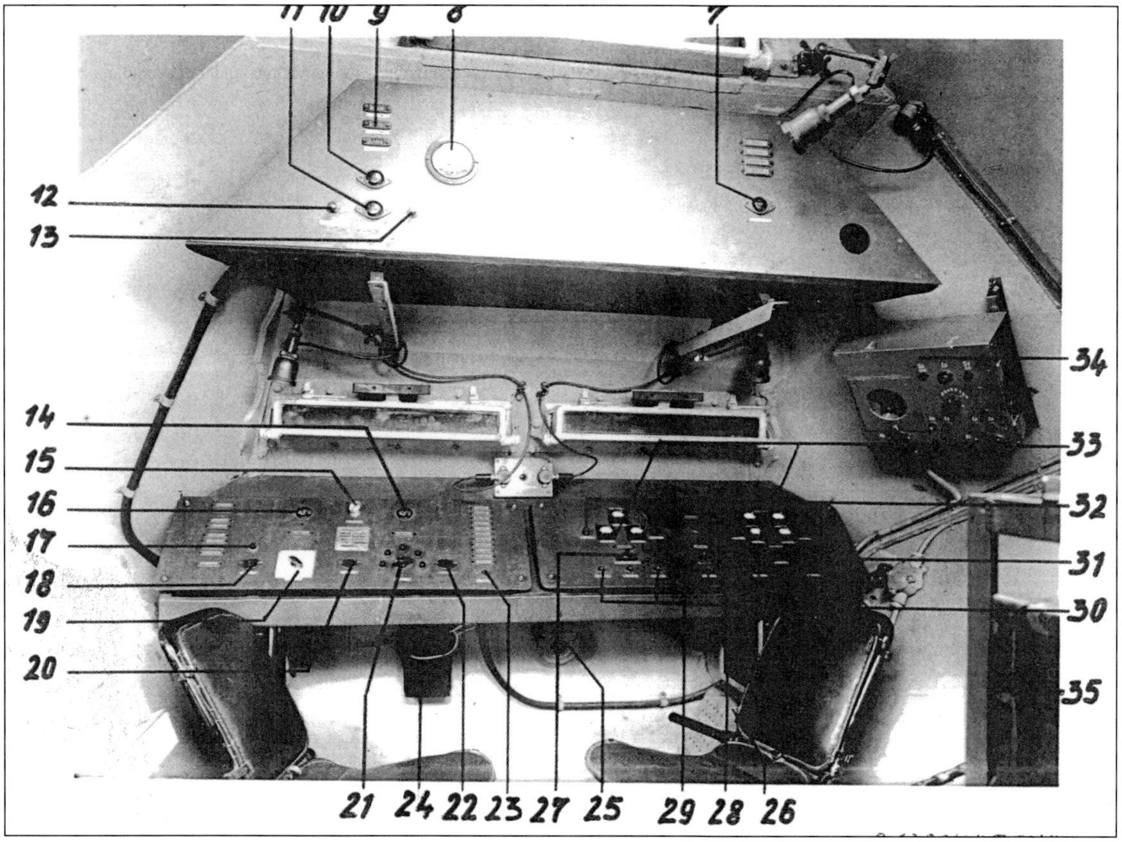

Blick auf Funk-, Triebwerks-, Steuerungstafel und I-Gerät

Lfd.Nr.	Benennung	
14	Strommesser	
15	Schießschlüssel	
16	Spannungsmesser	
17	Signallampe für "Prüf Ein"	
18	Druckknopf für "Prüf Ein"	Triebwerks-
19	Prüfschalter	tafel
20	Druckknopf für Brennschluß	
21	Schußschalter	
22	Druckknopf "Hauptstufe"	
23	Schalter "Hupe Aus"	
24	Meßbatterie 6 V	
25	Hupe für Unklarmeldungen	
26	Netzgerät	
27	Programmschalter	
28	Schalter "Steuerung Klar"	
29	Druckknopf für ZSW	
30	Schalter für Steuerung, Abtrieb und Leitstrahl	Steuer-
31	Schalter für "Viktoria"	tafel
32	Druckknöpfe für Störkommando	
33	Instrumente für Steuerströme und	
34	Ruderlagen	
34	I-Gerät	
35	Trägerfrequenzgerät (TFb 1)	

Erläuterungen obigen Abbildung

Bl. -1 -

Geheime Kommandosache

Bereitstellungsplan für die Ausrüstung der Abt. 485 u. 836

mit Fahrzeugen neuesten Entwicklungsstandes.

Zur schnellen Durchführung des Befehls, die Abt. 485 und 836 mit Fahrzeugen neuesten Entwicklungsstandes auszustatten, müssen die Änderungsarbeiten da durchgeführt werden, wo günstige Arbeitsbedingungen vorhanden sind und kleinster Arbeitsaufwand notwendig ist.

Für die Fahrzeuge 1o1, 1o5, 1o6, 1o7, 1o8, 11o, 2o1, 2o2, 2o4 ist der geeignete Platz Lager Rebstock. Dort wäre der geringste Zeitverlust, der sonst durch die Verschiebung des Materials und der Arbeits- und Prüfgruppen auftritt, zu erwarten. Es müssen daher alle zu ändernden Fahrzeuge in LR durchgeschleust werden.

Die Elektromechanischen Werke GmbH werden die Fa. Gollnow durch vorübergehende Zuweisung von geeigneten Fachkräften, Prüfern und durch Zulieferung von Engpaßteilen weitgehend unterstützen. Weiterhin wird vorgeschlagen, daß die Arbeits- und Prüfgruppen durch Truppenangehörige (möglichst Bedienungsmannschaften) verstärkt werden, damit von der Fa. Gollnow keine Kräfte aus der laufenden Fertigung abgezogen werden müssen.

Nach einer Anlaufzeit von ca. 8 Tagen können bei rechtzeitiger Bereitstellung des Materials und entsprechender Arbeitsvorbereitung von den Fahrzeugen 1o1, 1o5, 1o6, 1o7, vom Zeitpunkt der Erstellung an gerechnet, pro Tag 1 Fahrzeug, von den Fahrzeugen 1o8, 2o1, 2o2 alle drei Tage ein Fahrzeug ausgeliefert werden.

Die Steuerung der durchzuführenden Arbeiten wird zweckmäßig von der Fertigungsaufsicht übernommen, die auch die Arbeitsvorbereitung gemeinsam mit der Fa. Gollnow durchführt.
Für die Bereitstellung des Engpaßmaterials sind von den Beschaffungsstellen weitgehend die zuständigen Ausschüsse einzuschalten.

Bl. - 2 -

F a h r z e u g 101

I. Ä n d e r u n g e n	Zeitbedarf Arb.Std.	Personalbedarf				
		El.	Schl.	H.	Pr.	Prh.
a. Endlösung Aggregat	10					
b. Einbau I-Gerät	20					
c. Notbrennschluß (Geräte ohne FT)	10					
d. Nachrichtenanlage	30					
e. Wegfall der FT-Tafel	30					
f. Prüfzeit	10					
g. Verschiedenes	10					
I n s g e s a m t :	120	4	3	1	2	1

II. M a t e r i a l e n g p ä s s e

1. Schaltuhr
2. List-Transparente
3. List-Merklampen
4. 3 Panzerhörer (Fa. Neumann & Borm)

III. Planung der Fahrzeugverteilung

1. Auslieferungsstand:

Auslieferungen insges.	22 Fz.	
Auslieferung an Abt. 485	3 Fz.	(alle Dreierschußtafeln - müssen geändert werden)
Auslieferung an Abt. 836	3 Fz.	(nicht verwendbar, da mot. I)
Ersatzfahrzeuge in Hasenberg	9 Fz.	(davon 1 für mot. I)
Bat. 444	4 Fz.	(davon 1 für mot. I)
SS-Batterie	1 Fz.	
EW	1 Fz.	
Kdo-Stelle S	1 Fz.	

2. In Fertigung befindliche Fahrzeuge:

In LR	3 Fz.	(100 %)
"	5 Fz.	(80 %)
"	1 Fz.	(60 %)
"	1 Fz.	(40 %)
"	2 Fz.	(20 %)

Bl. - 3 -

3. Vorschlag der Fahrzeugverteilung :

A. Für Abt. 485
Gesamtbedarf :

9 + 3 Fz. Reserve
3 Fz. (bei Abt. vorhanden)
6 Fz. (von Hasenberg)
1 Fz. v.LR.als Ersatz (60 %)
1 Fz. " " " " (40 %)
1 Fz. " " " " (20 %)

B. Für Abt. 836
Gesamtbedarf :

9 + 3 Fz. Reserve
2 Fz. von Hasenberg
3 Fz. von LR (100 %)
4 Fz. von LR (80 %)
1 Fz. von LR (80 %)
1 Fz. von LR (20 %)
1 Fz. von Abt. 444

Transport der A 4 (V 2)-Rakete mit dem Meiller-Wagen.
Fahrzeug Nr. 102 - FR-Anhänger (S) (3-achs)

Fahrzeug 305, der 3 to Lkw mit geschlossenem Kastenaufbau auf Opel-Blitz-Fahrgestell. Im Lager Rebstock wird der Lkw modifiziert in die Fahrzeuge Nr. 106, 107, 201, 202, 209, 304, 501, 502, 503 und 510.

Die Rebstockfirma Gollnow & Sohn

Nach Ende des 2. Weltkriegs hat sich die alliierte Auswertung mit besonderem Interesse der deutschen Fernraketenentwicklung gewidmet:
Über die Firma Gollnow & Sohn aus Stettin wurde recherchiert, dass der Firmenbesitzer sich bereits seit 1923 für Raketen interessierte. Der Betrieb produzierte „Sonderwagen" und war im „Hauptausschuss A4" mit Führungskräften vertreten. Des weiteren führte der G&S-Mitarbeiter Dr. Simon die Sonderausschüsse „Sonderwagen" und „Steuerapparate".
Über „Rebstock" haben die Alliierten festgehalten, dass der Gollnow-Betrieb zuerst in Dernau-Marienthal in einer Untertagefabrik die Bearbeitung und Ausstattung von Spezialfahrzeugen für das A4-Programm (V2) vornahm. Auch der spätere Umzug nach Artern war ihnen bekannt.
Die Nachrichtendienstler ermittelten, dass der Dernaubetrieb „Feuerleitpanzer, Sendewagen, Antennenwagen, Stromerzeugerwagen, Steyrwagen, Meillerwagen, Abschlusstische, Kabelwagen und Werkstatt-LKW" produzierte und ausrüstete.

„Der Betrieb beschäftigte 800 Wehrmachtsangehörige, 200 davon Kriegsversehrte. Der Rest machte einen 4 - 6 Wochenlehrgang, jeweils 50 gleichzeitig. Arbeit wurde geleistet von 7000 russischen und italienischen Kriegsgefangenen."[5]

Ergänzend zu dieser Analyse sei festgestellt, dass G&S bereits im Stettiner-Mutterwerk Bodenanlagen für das A4-Programm herstellte. Es handelte sich schließlich um eine bekannte Werft- und Stahlbaufirma, die sich durch besondere Leistungen auf dem Gebiet des Stahlbrückenbaus und der Waffenproduktion auszeichnete. Aus den Unterlagen aus dem Deutschen Museum geht hervor, dass von den Besprechungen zur Koordination und Durchführung des A4-Programms und dessen Bodenanlagen von G&S folgende Führungskräfte teilgenommen haben:

Dr. Ing. Gollnow jun.
Direktor Dr. Stücker
Dr. Ing. Spiegel
Dipl.-Ing. Engel
Dipl.-Ing. Oesterheld
Dipl.-Phys. Ponsel
Ing. Striebeck

Vom Lager Rebstock – TD531 – waren für G&S dabei:

Dipl.-Ing. Gengelbach II
Ing. Staadt
Ing. Heinisch
Dipl.-Ing. Pauls
Ing. Decker
Ing. Edler
Ing. Vogt
Ing. Schefter
Leutnant Seidel
Hauptmann (w) Spang
Baurat Krause
Ing. Kempeni
Dipl.-Ing. Voigt
Ing. Schwedes
FAS Dr. Mahlo

[5] Quelle: Public Record Office, W0 0208/3121

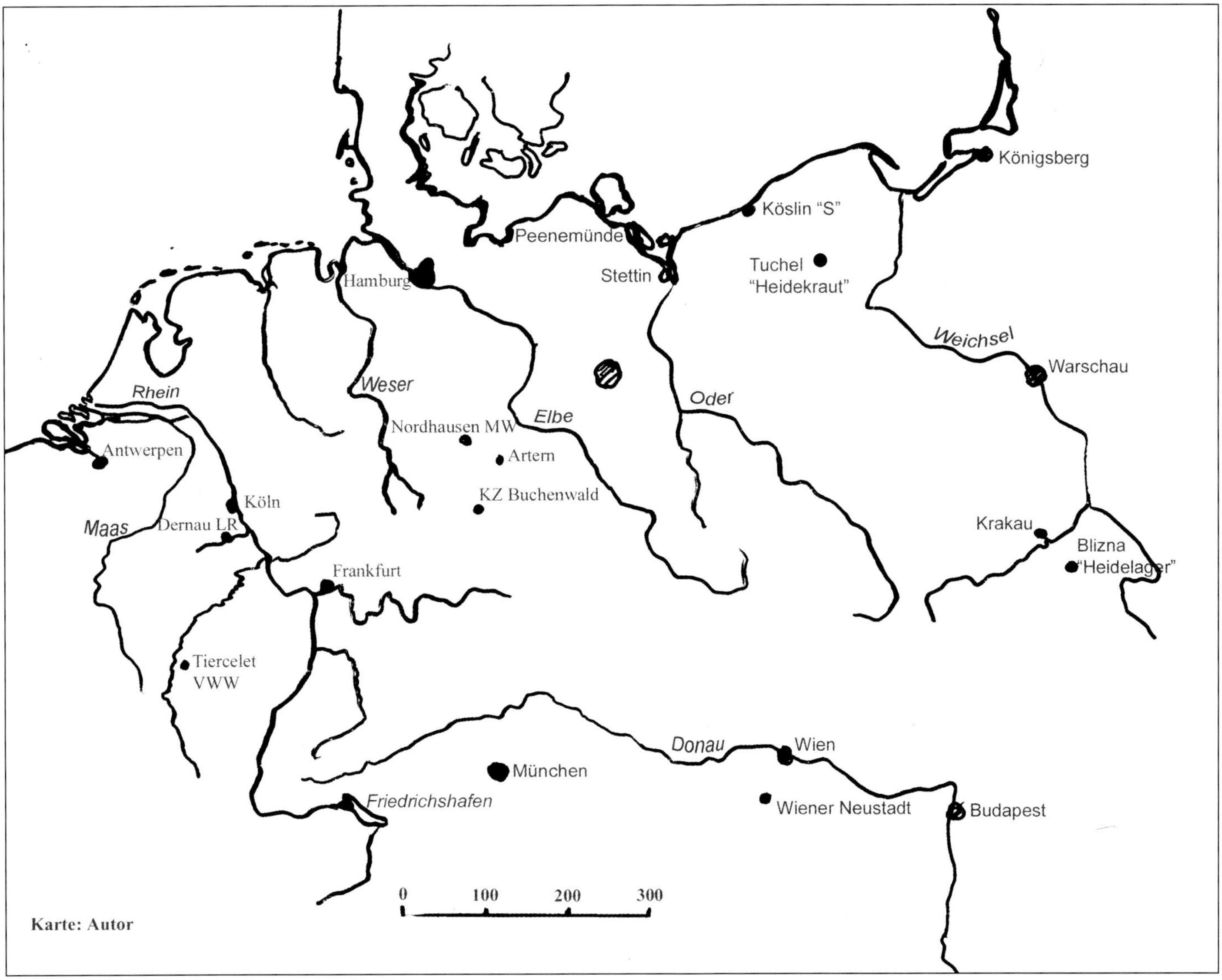

Die Artillerie-Abteilung (mot) 836 schiesst in der Nachbarschaft

Durch den schnellen Vorstoß der Briten und Amerikaner nach Belgien und Holland hinein, war der geplante Einsatz der Art.Abt. 836 aus diesem Gebiet unmöglich geworden und die Division z.V. befahl für die zwei einsatzbereiten Batterien der Abteilung Feuerstellungsräume in der nördlichen Eifel.

Am 08. September 1944 bezog die 3. Batterie/836 Waldstellungen 3,5 Kilometer südwestlich von Rheinbach (s. originale Feuerstellungsskizze vom 09.09. 1944) und die 2. Batterie stellte die Abschusstische im Kottenforst zwischen Meckenheim und Bad Godesberg auf. Damit befanden sich die FR-Abschussstellungen der Gruppe Süd gerade mal 12-13 km nordwestlich bzw. nördlich des Lagers Rebstock.

Die Dritte schoss vom 15.-21.09. 10 Raketen, davon:

7 nach Lille
2 nach Mons
1 nach Arras.

Dann verlegte die Einheit nach Roßbach in den Westerwald.

Die Zweite verschoss insgesamt 34 V 2 in der Dekade vom 15.-25.09.1944:

10 auf Lille
6 auf Cambrai
5 auf Arras
5 auf Charleroi
4 auf Tourcoing
4 auf Mons.

Dann wurde eine neue Feuerstellung bei Helferskirchen im Westerwald bezogen. Im September 1944 waren die schießenden Batterien noch nicht komplett mit den Spezialfahrzeugen aus Rebstock ausgerüstet und dort arbeitete man mit Hochdruck an der Ausstattung für die Truppe.[6]

---

[6] BA-MA, RH 41/1196 und 1194 a

Die V 2 steht auf dem Abschusstisch in einer Waldstellung und wird mit flüssigem Sauerstoff betankt. Durch die perfekte Tarnung wurde im Krieg keine Abschussstellung aufgeklärt.

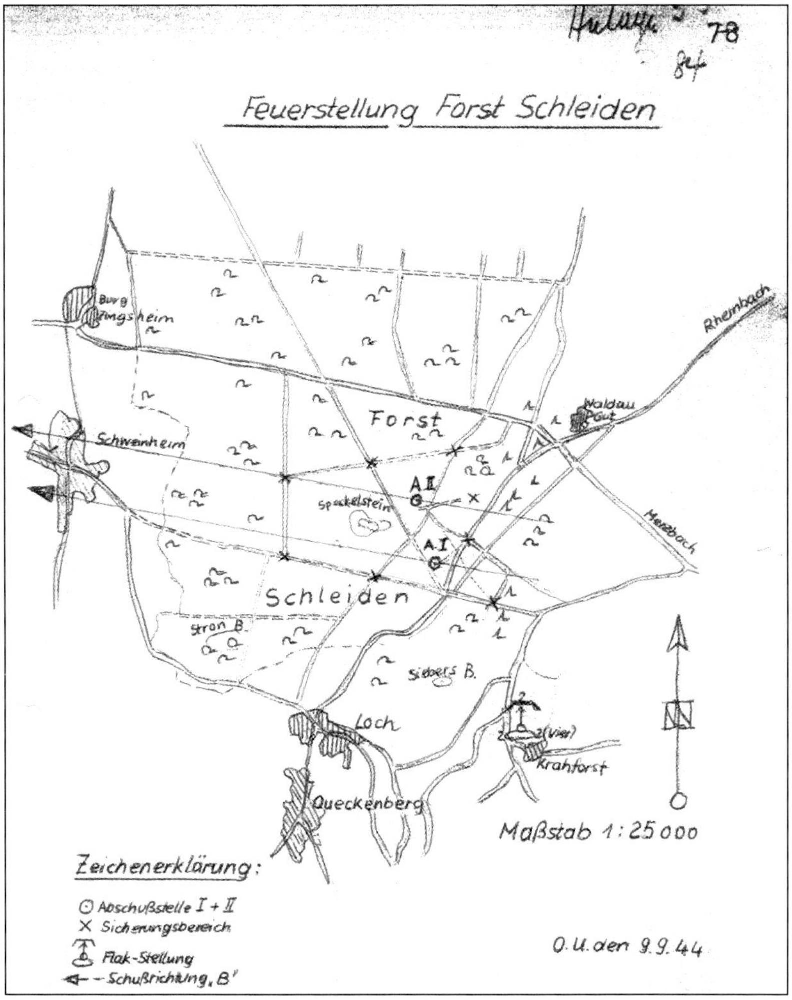

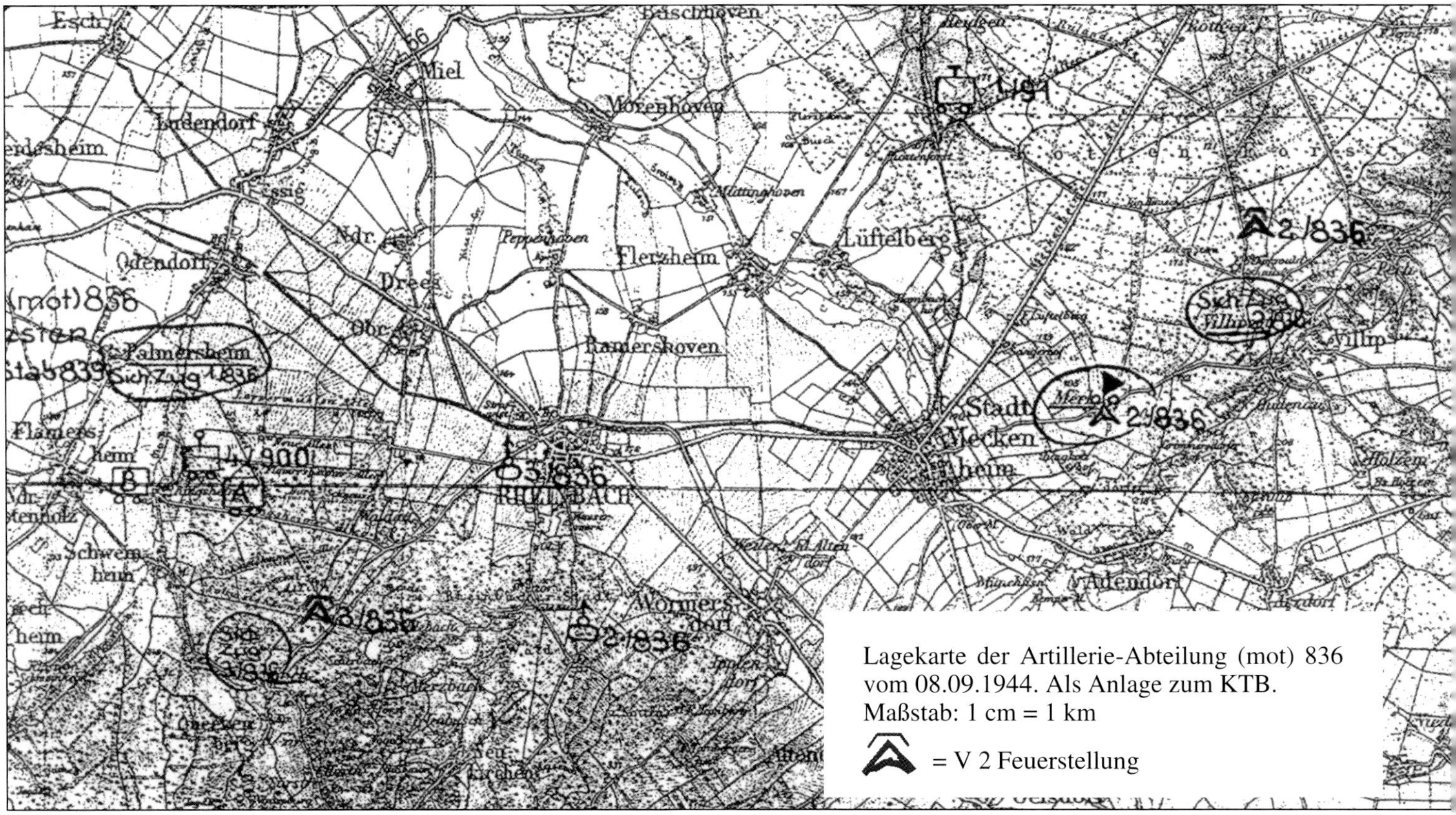

Lagekarte der Artillerie-Abteilung (mot) 836 vom 08.09.1944. Als Anlage zum KTB.
Maßstab: 1 cm = 1 km

= V 2 Feuerstellung

Das Volkswagenwerk will das Lager Rebstock

Im Januar 1943 wurde dem Volkswagenwerk die Funktion des Hauptlieferanten der V 1-Zelle zugesprochen. Die „Vergeltungswaffe“ V 1 war die Konkurrenzentwicklung der deutschen Luftwaffe und ein Marschflugkörper, der nur 3500,– Reichsmark kostete. Ab August 43 sollten die ersten Flugkörper produziert werden und ab 1944 monatlich schließlich 5 000 Stück.
Nachdem sowohl die Fieseler Werke in Kassel als Entwickler der Fi 103 (V 1) am 22.10.43 bombardiert wurden und einige Zulieferbetriebe für die elektrischen und navigatorischen Geräte durch Bombenangriffe gestört wurden, suchten die VW-Leiter bald nach Untertageanlagen.
Ab Oktober 1943 plante die Luftwaffenführung die Endmontage der V 1 in den Untertageanlagen eines Erzbergwerkes bei Tiercelet nahe Metz in Lothringen.
Das Heer seinerseits hatte nach dem schweren Luftangriff der Royal Air Force auf Peenemünde am 17./18.08.1943 die Stollen der Mittelwerk GmbH bei Nordhausen im Auge, um dort die A 4 (V 2) zu produzieren.
Während KZ-Häftlinge die Stollen in Tiercelet ausbauten, wurden auch die Eisenbahntunnel im Ahrtal bei Dernau für die Führung der VW-Werke interessant.
Am 05.08.1944 unterbrach ein alliierter Luftangriff auf das VW-Hauptwerk die Fertigung für 14 Tage und es war abzusehen, dass weder in Tiercelet noch in Dernau wegen des schnellen Vormarsches der Invasionstruppen eine Produktion erwartet werden konnte. Immerhin waren zu diesem Zeitpunkt schon 40 000 - 80 000 qm Untertagefläche in Tiercelet fertig gestellt und die Produktionsmaschinen installiert. Im Ahrtal waren am 04.08.1944 der Silberbergtunnel mit 4 800 m², der Trotzenbergtunnel (11 600 m²) der Sonderbergtunnel (1 000 m²) und der Herrenbergtunnel mit 3 200 m² Produktionsfläche für das Volkswagenwerk mit der V1-Montage vorgesehen.
Faktisch jedoch hatte Gollnow & Sohn (HAP 11) alle fünf Tunnel mehr oder weniger bereits seit Herbst 1943 in Gebrauch. In einer Besprechung mit Wernher von Braun (V2) und dem Produktionssachverständigen des VW-Werkes Stephan versprach von Braun die Räumung von Teilflächen.
Aber bereits im Juli 1944 zeichnete sich ab, dass die Tunnel bei Dernau nicht so

306. Ausgabe — Berlin, Donnerstag, 9. November

VÖLKISCHER BEOBACHTER

Kampfblatt der nationalsozialistischen Bewegung Großdeutschlands

V 2 gegen London

Die erfolgreiche Abwehrschlacht in Kurland
Amerikanischer Großangriff in Lothringen

Aus dem Führerhauptquartier, 8. November.

Das Oberkommando der Wehrmacht gibt bekannt:

Nachdem seit dem 15. Juni der Großraum von London mit nur kurzer Unterbrechung und in wechselnder Stärke unter dem Feuer der V 1 liegt, wird dieser Beschuß seit einigen Wochen durch den Einsatz eines noch weit wirksameren Sprengkörpers, der V 2, verstärkt.

An der Nordspitze von Walcheren behaupteten sich die eigenen Stützpunkte auch gestern gegen den von Westen und Osten angreifenden Feind. Der Brückenkopf Moerdijk wurde in harten Kämpfen gegen starke Panzerangriffe gehalten. Unsere Artillerie bekämpfte wirksam feindliche Ansammlungen und anhaltende Bewegungen im Raum von Nimwegen und östlich Helmond.

Panzer und Grenadiere vernichteten südöstlich Stolberg die dort abgeschnittene nordamerikanische Kräftegruppe und eroberte nach schweren Kämpfen den Ort Kommerscheidt trotz erbitterter Gegenwehr zurück. 15 nordamerikanische Panzer wurden dabei abgeschossen, zwei erbeutet, über 300 Gefangene eingebracht.

Nach starker Artillerievorbereitung trat der Feind in den frühen Morgenstunden zwischen Pont à Mouson und Château Salins zu dem dort erwarteten Großangriff an. Schwere Kämpfe sind entbrannt.

Eigene Stoßtrupps stießen südlich und südöstlich Château Salins und an der Nordostecke des Parroy-Waldes zwischen die feindlichen Stellungen vor, sprengten 25 Bunker und kehrten mit Gefangenen und zahlreicher Beute in die eigene Linie zurück.

Im Etruskischen Apennin wurden feindliche Vorstöße in dem Frontbogen nördlich Rocca S. Casciano in die Tiefe des Hauptkampffeldes von der hart kämpfenden Infanteriedivision aufgefangen.

Von der Balkanfront wird weiterhin lebhafte Kampftätigkeit ohne wesentliche Veränderung der Lage gemeldet. Im Tale der südlichen Morawa scheiterten stärkere Angriffe der Bulgaren.

In der Ägäis versenkte ein eigenes Torpedoboot ein Unterseeboot des Feindes.

Vor Budapest und nördlich der Bahnlinie Czegled—Szolnok wiesen unsere Panzer und Grenadiere starke Angriffe der Bolschewisten ab. Durch Gegenangriffe wurden die Sowjets aus mehreren Ortschaften geworfen.

An der mittleren Theiß stehen deutsche und ungarische Verbände in harten Kämpfen mit stärkeren feindlichen Angriffsgruppen. Schlachtflieger führten bei Tag und Nacht wirksame Angriffe gegen den bolschewistischen Nachschub.

Im ostpreußischen Grenzgebiet kam es nur zu örtlichen Kämpfen. Die Wucht der bolschewistischen Angriffe gegen unsere Nordfront hat gestern auch im Raume von Autz nachgelassen. Wo der Feind weiter angriff, wurde er zum Teil in Gegenstößen geworfen. Damit ist der von den Sowjets erstrebte Durchbruch in Kurland gescheitert. In zwölftägiger erbitterter Abwehrschlacht haben unsere Divisionen dem Ansturm überlegener bolschewistischer Kräfte standgehalten und dabei einen großen Teil der sowjetischen Angriffsverbände, vor allem der eingesetzten Panzertruppen, zerschlagen. Vom 26. Oktober bis 7. November wurden 602 feindliche Panzer vernichtet, 239 sowjetische Flugzeuge über dem Kampfraum abgeschossen, davon 110 durch Flakartillerie der Luftwaffe.

In Finnland kam es nordwestlich Ivalo und westlich des Va[r]anger-Fjords zu örtlichen Gefechten mit Finnen und Bolschewisten.

Bei Angriffen nordamerikanischer Terrorflieger auf das südliche Reichsgebiet wurden durch Flakartillerie der Luftwaffe sieben viermotorige Bomber zum Absturz gebracht. In den Wohngebieten von Marburg a. d. Drau und Wien entstanden geringe Gebäudeschäden.

So hat der „Völkische Beobachter“ den Einsatz der Vergeltungswaffen am 9. November 1944 dargestellt.

schnell zur Verfügung stehen würden wie benötigt. Auch die Unterbringung der Arbeitskräfte hätte nur schwer gelöst werden können. Nachdem der Versuch des VW-Werkes scheiterte, den bereits voll betriebsfähigen Kuxbergtunnel zu beanspruchen, reduzierte man zunächst die für Rebstock (VW) geplanten V 1-Produktionszahlen. Ende September 1944 wurden seitens VW alle Ahrtalpläne aufgegeben.
In Tiercelet waren Hunderte von Eisenbahnwaggons mit wertvollen Maschinen und Ausrüstung liegen geblieben und den Alliierten zur Beute geworden. Auch die Anfang September nach Dernau transportierten 300 jüdischen Spezialisten wurden zwei Wochen später ins KZ-Lager Dora bei Nordhausen verlegt.[7]
Die Bezeichnung Lager Rebstock (LR) ist nicht abgeleitet von KZ- oder Arbeitslager. Der Name wurde bereits viele Monate bevor die ersten Zwangsarbeiter nach Marienthal kamen verwendet. Die regulären Beschäftigten waren entweder privat in den Dörfern oder aber in Winzervereinen, Hotels und Pensionen untergebracht. Nicht wenige pendelten auch mit der Reichsbahn zum Haltepunkt Marienthal oder wurden mit Kraftfahrzeugen abgeholt.

Der Anteil der KZ-Zwangsarbeiter im Lager Rebstock wird wohl im Bereich unter 20% gelegen haben.

So sah es im Lager Rebstock aus

Die in der Folge gezeigten Fotodokumente belegen, dass das Lager Rebstock bereits im November 1943 für den HAP 11 alle die Fahrzeuge in Arbeit hatte und ausrüstete, mit denen die V2-Batterien im Sommer 1944 noch nicht vollständig ausgestattet waren.
Hauptursache für diesen Fehlbestand waren ständige Änderungen und Anpassungen, deren Notwendigkeit bei den Schießversuchen von Peenemünde aus und im Heidelager (Polen) festgestellt wurden.
Auch später, während der Fronteinsatzzeit ab September 1944, wurden laufend Verbesserungen an der Rakete und am Bodengerät vorgenommen.[8]

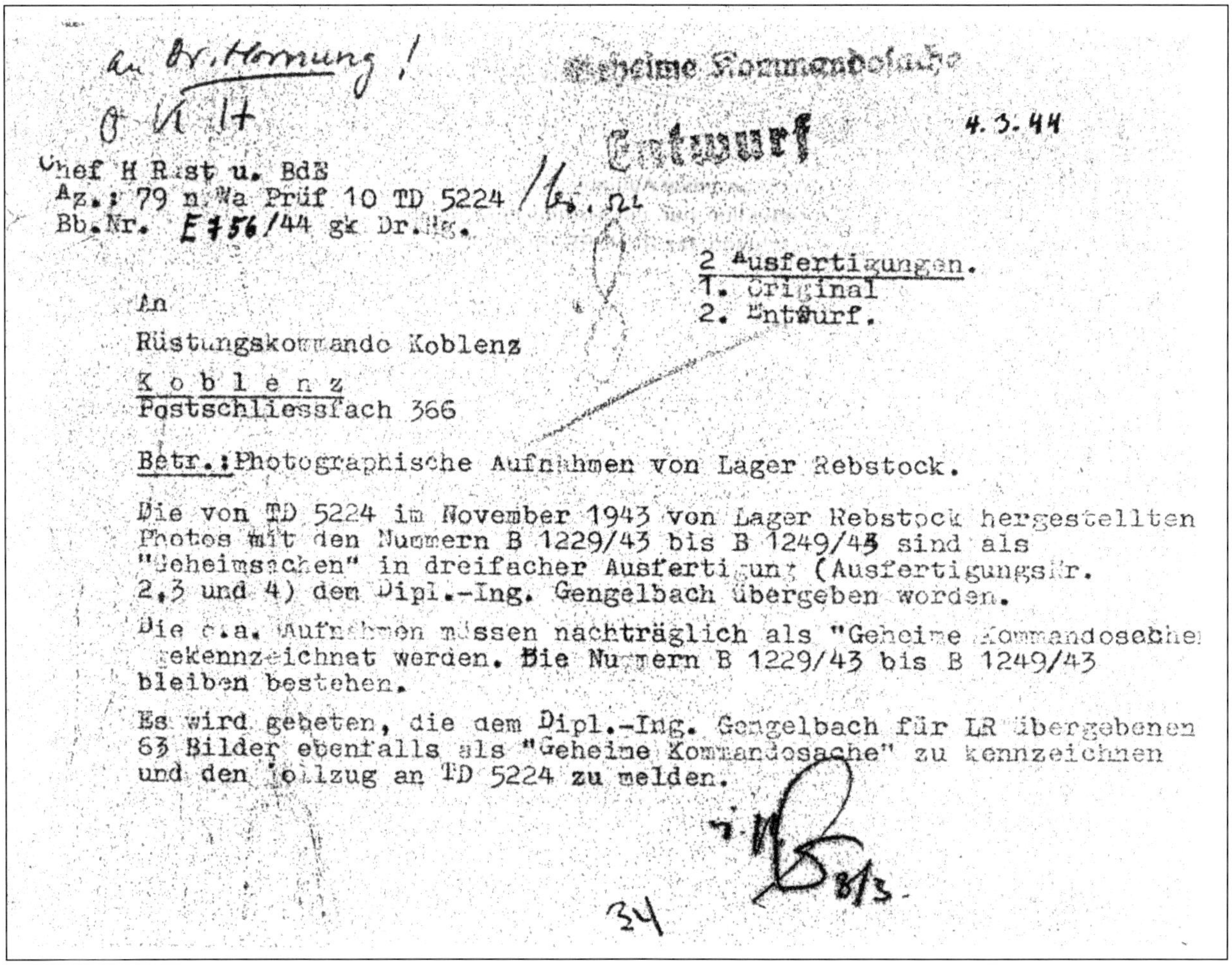

Geheime Kommandosache

Entwurf

4.3.44

Chef H Rüst u. BdE
Az.: 79 n. Wa Prüf 10 TD 5224
Bb.Nr. E 156/44 gk Dr.Hg.

2 Ausfertigungen.
1. Original
2. Entwurf.

An

Rüstungskommando Koblenz

Koblenz
Postschliessfach 366

Betr.: Photographische Aufnahmen von Lager Rebstock.

Die von TD 5224 im November 1943 von Lager Rebstock hergestellten Photos mit den Nummern B 1229/43 bis B 1249/43 sind als "Geheimsachen" in dreifacher Ausfertigung (Ausfertigungs-Nr. 2,3 und 4) dem Dipl.-Ing. Gengelbach übergeben worden.

Die o.a. Aufnahmen müssen nachträglich als "Geheime Kommandosache" gekennzeichnet werden. Die Nummern B 1229/43 bis B 1249/43 bleiben bestehen.

Es wird gebeten, die dem Dipl.-Ing. Gengelbach für LR übergebenen 63 Bilder ebenfalls als "Geheime Kommandosache" zu kennzeichnen und den Vollzug an TD 5224 zu melden.

8/3.

34

---
[7] Hans Mommsen/Manfred Grieger: Das Volkswagenwerk und seine Arbeiter im Dritten Reich, ECON 1996
[8] Schreiben vom 04.03.44 BAMA RH8/v.1267 Fotos B1229/43-B1249/43 Deutsches Museum München, R0159, R0160 Ordner 326b

Das Klostergebäude in Marienthal. Für Lager Rebstock als Verwaltungs- und Unterkunftsgebäude genutzt.

Das Wirtschaftsgebäude des Klosters (heute Weinbaudomäne) wurde als Unterkunftsgebäude benutzt. Links die Ruine der Klosterkirche, rechts die Straße zum Bahndamm zischen Trotzenberg- und Kuxbergtunnel.

Die Klosterruine, rechts Kuxberg

Ostportal des Trotzenbergtunnel mit Wachsoldaten

Blick vom Ostportal des Trotzenbergtunnel über den Bahndamm zum Westportal des Kuxbergtunnel.
Links die großen Baracken, vorne rechts der Bahndamm mit Wegeunterführung.

Baustelle für Baracken an der Straße nach Esch im oberen Seitental

Der Zahlmeister lässt sich Löhne quittieren

Hier werden die 67-poligen Kabel mit magnetischen Abreißsteckern versehen. Beim Startvorgang verbinden diese Kabel die Bodenanlagen mit der Rakete und liefern die Stromquelle und alle Steuerbefehle.

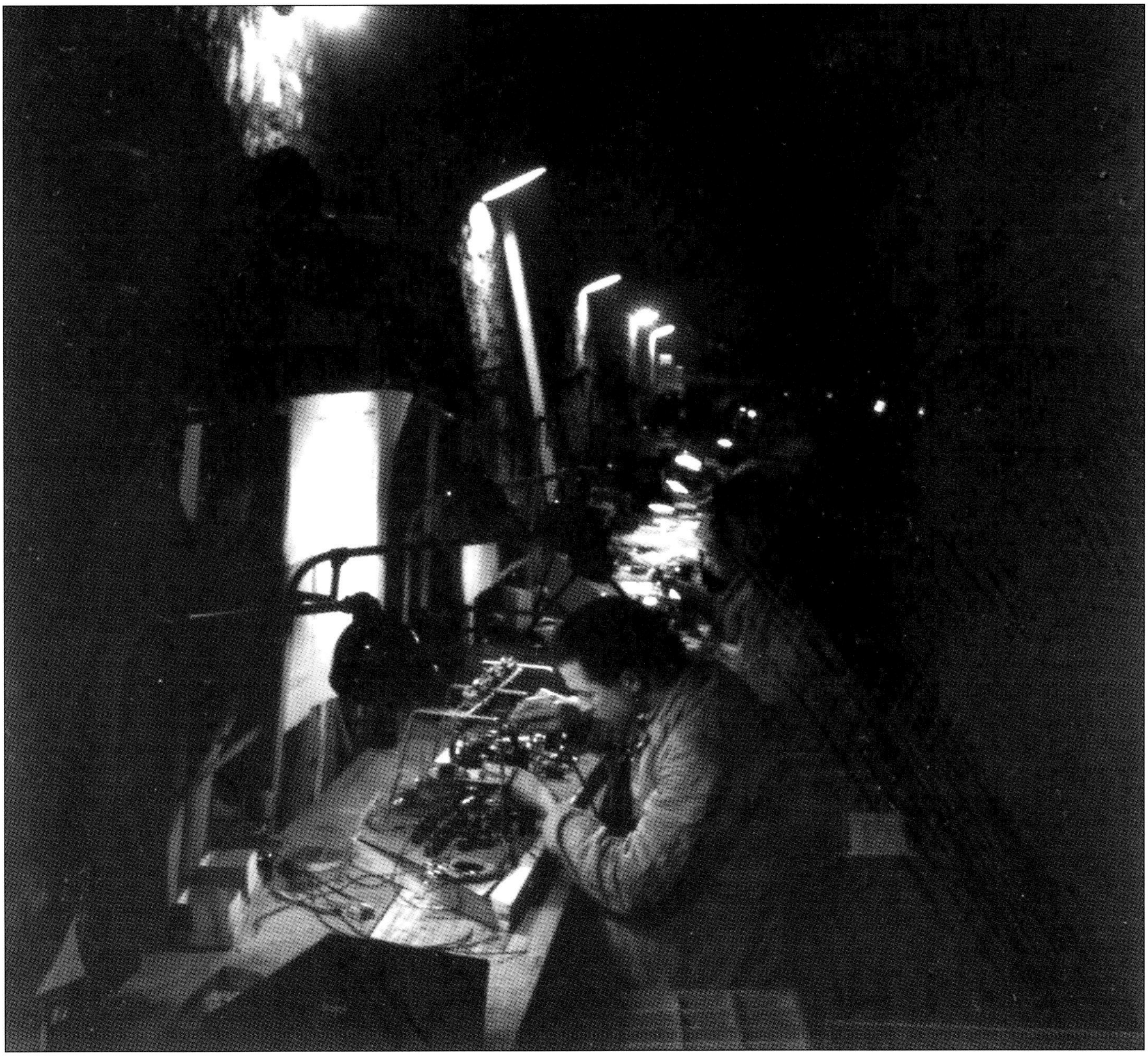

Das Schaltbrett des Feuerleitpanzers wird verkabelt

Große Schaltschränke werden montiert

Elektrische Verbindungen der Steuerungstafel des Feuerleitpanzers werden überprüft

Der Schweißer bei der Arbeit

Auch Schreiner waren beschäftigt

Der Zweiachs-Anhänger Kfz-Werkstattwagenwird eingerichtet. (Gruppe V, Nr 511)

Anhänger Nr. 511 werden eingerichtet

Arbeitsplätze für Elektriker an der Tunnelwand

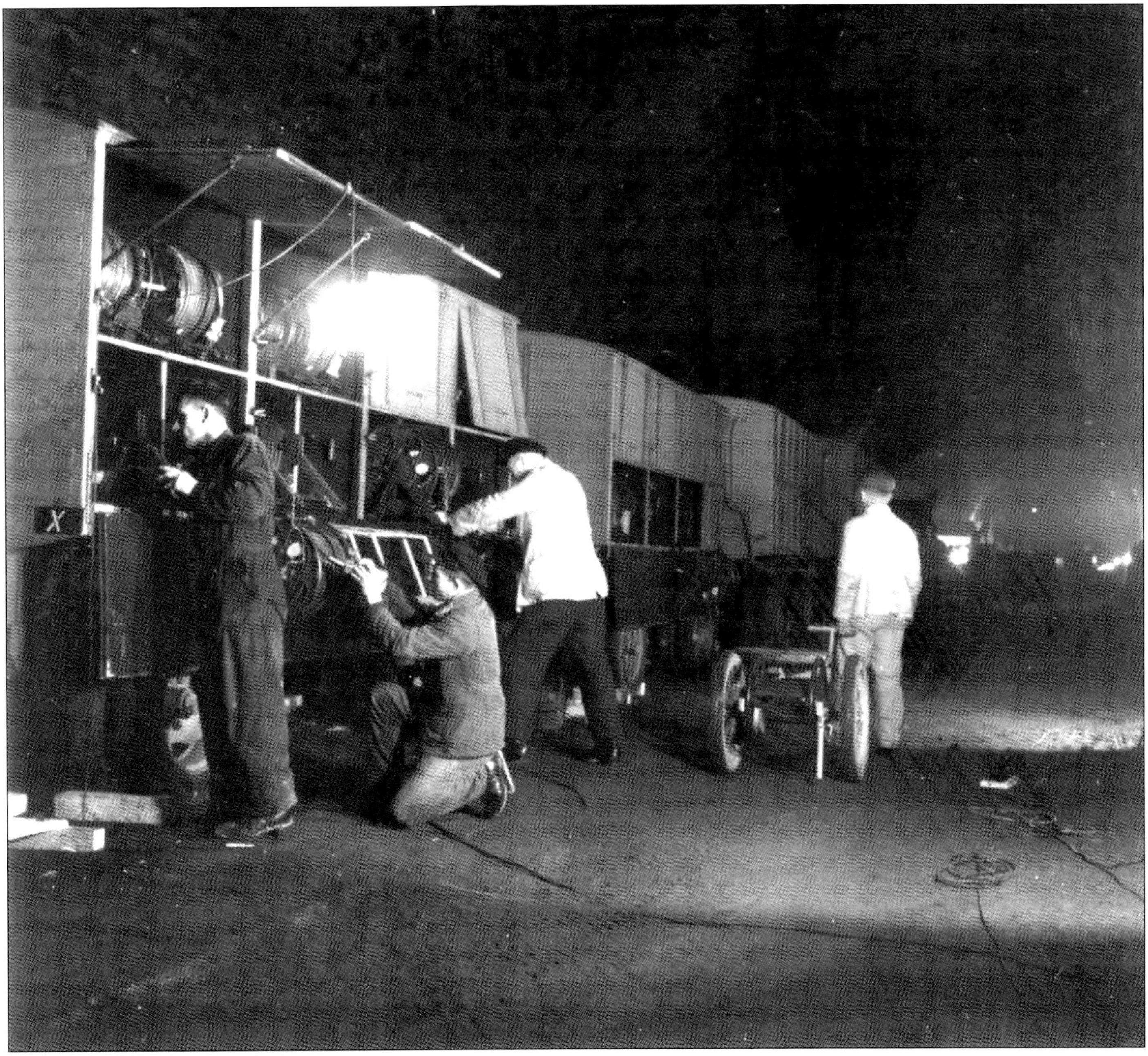

Der Kabeltrommelanhänger (2achs), Gruppe I, Nr. 108 wird ausgestattet.

Umformer-Anhänger 220/380 auf Anhänger Nr. 27 (Gr. V, Nr. 505) wird montiert. Darin betreibt ein Ottomotor den Drehstromgenerator 220/380 Volt mit 6 KVA und 50 Hz. Ein Drehstrommotor liefert über einen Gleichstromgenerator 27/32 Volt mit 3 KW.

Sonder-Kfz 7 mit gep. Spezialaufbau (Gruppe I, Nr. 101/Feuerleitpanzer) wird eingerichtet. (Siehe Foto S. 31 oben)
Im Heck dieses Fahrzeugs saß die Abfeuerungsmannschaft, die hinter Panzerschutz geschützt, die Rakete vor dem Schuß prüft und den Start durchführt.

Generatoren werden montiert

Der FR-Anhänger (S) (3-achs) auch Meillerwagen genannt ist in Arbeit (Nr. 102) (s. Foto S. 35)
Vorne rechts auf dem Bettgestell liegen die 67-adrigen Verbindungskabel für den Start der Rakete.
Dieser Anhänger mit einem VW-Motor als Energiequelle wurde für den Transport der V 2 in die Feuerstellung und das Aufrichten und Stellen der Rakete auf den Abschusstisch verwendet.

Nachschubwege und Versorgung mit Bodenanlagen

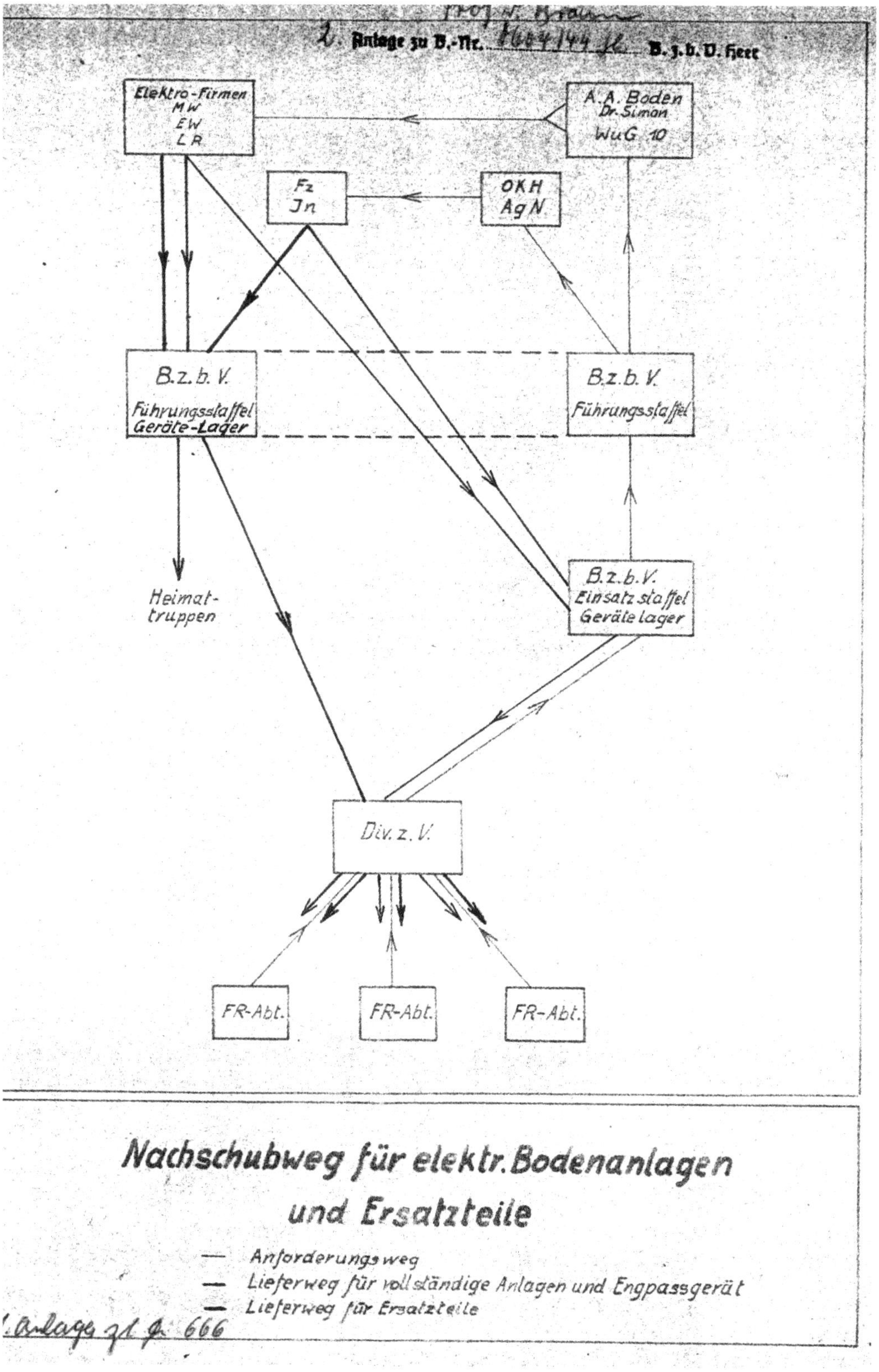

Für die Wehrmacht war es 1944 nicht mehr leicht, die richtigen Nachschubgüter zur richtigen Zeit an den richtigen Ort nachzuschieben. Die Präsenz von alliierten Jabos und die durch Bombardements zerstörten Eisenbahnlinien erschwerten die Logistik. Die desolate Treibstofflage und fehlender weil zerstörter Transportraum auf der anderen Seite führten dazu dass die schießenden Batterien tage- und wochenlang das Schießen einstellen mussten. Dabei war es oft nur ein Versorgungsgut von vielen, welches nicht zur Truppe kam.
Die Lieferwerke für die V2 und die Bodenanlagen waren weit über das Reichsgebiet verteilt. Die Batterien standen in Holland (485) im Saarland, Hunsrück oder Westerwald (836) im Münsterland (SS 500) oder in Südostpolen (444) in Feuerstellung.
Die unten stehenden Schemaskizzen von Prof. Wernher von Braun erklären die Anforderungs- und Lieferwege für die elektrischen Bodenanlagen und deren Ersatzteile.

Legende:
Elektrofirmen

MW	=	Mittelwerke GmbH im Kohnstein/Nordhausen
EW	=	Elektromechan. Werke (HAP 11) Peenemünde
LR	=	Lager Rebstock, Gollnow & Sohn, Marienthal
A.A.Boden	=	Arbeitsausschuß Dr. Simon, Peenemünde
WuG 10	=	Heereswaffenamt Abt. Waffen und Geräte 10
FZ In	=	Inspizient für Fahrzeuge
OKH Ag N	=	Oberkommando des Heeres, Arbeitsgruppe N
B.z.b.V.	=	Befehlshaber zur besonderen Verwendung, GenMaj Dornberger
Div.z.V.	=	Division zur Vergeltung
FR-Abt.	=	Fernraketen-Abteilungen: Art.Abt. 484, 836, SS-Werferbatt. 500, Lehr- und Versuchsbatterie 444[9]

[9] BA/MA RH8/1265

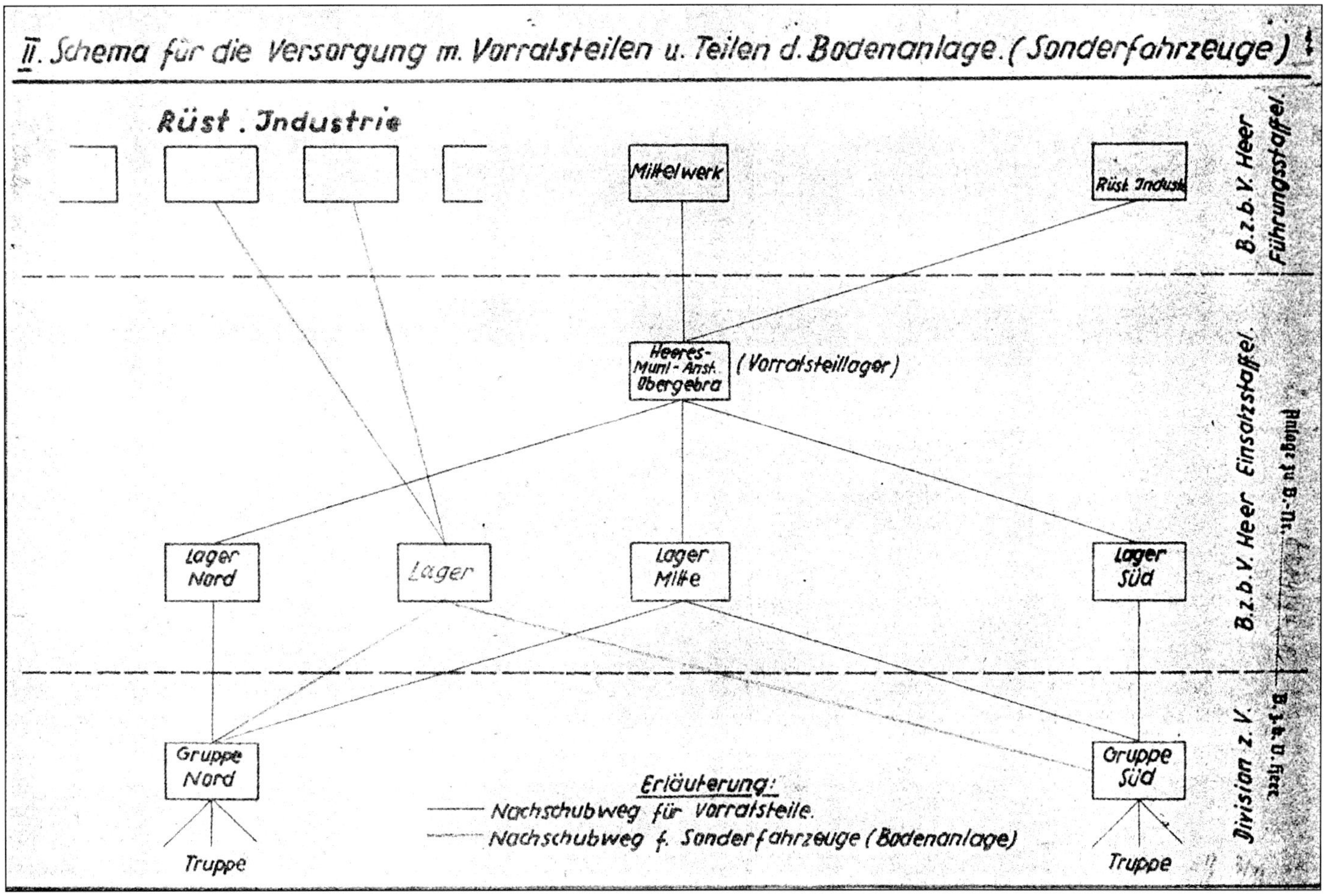

Zu den Zeitzeugen:
Jeder dieser Zeitzeugen hat seine Geschichte so wiedergegeben, wie sie in seiner Erinnerung lebt. Sie besteht meistens aus Wahrheit und Dichtung und zeigt immer die persönliche, subjektive Sicht auf die geschilderten Ereignisse.
Irrtümer und Falschdarstellungen, die durch den zeitlichen Abstand bedingt sind, hat der Autor nicht korrigiert. Es handelt sich schließlich um Erlebtes, was heute 58 Jahre zurück in der Vergangenheit von den Zeitzeugen erfahren worden ist.
Die Einseitigkeit der Aussagen wird der Nüchternheit von schriftlichen Dokumenten gegenübergestellt, denn es handelt sich um zwei Seiten derselben Ereignisse. Jede einzelne Schilderung aus dem Lager Rebstock ist ein wertvolles Mosiksteinchen in unserer Heimatgeschichte, jeder geschilderte Lebensweg in den Jahren 1943 bis 1945 ein Einzelschicksal, welches der jüngeren Generation zu denken geben sollte.

Zeitzeugen berichten

Frau **Agnes Nuppeney, geb. Bell**, geboren am 18.01.1928 in Oberzissen, arbeitete vom 06.11. bis 15.12.1944 bei der Firma Gollnow & Sohn im Tunnel „Rebstock". In diesen fünf Wochen verdiente sie als fast 17-jähriges Mädchen insgesamt 82,46 Reichsmark. Sie war zu elektrischen Montagearbeiten eingesetzt und hatte Batterieelemente in Holzkisten mit elektrischen Verbindungen zu ergänzen.
Montagsmorgens um 4:00 Uhr fuhr sie mit dem Fahrrad von Oberzissen nach Marienthal, arbeitete dort ca. 10 Stunden täglich im Tunnel und fuhr Samstagsmittags mit dem Fahrrad ins Brohltal zurück. Dabei begleitete sie ein älterer, kriegsversehrter Mann aus dem gleichen Ort.
Untergebracht war sie mit vielen anderen im Winzerverein Walporzheim in einem Einzelbett in der 1. Etage. In Parterre waren viele Soldaten einquartiert. Einige ihrer Arbeitskolleginnen trafen sich abends bzw. nachts mit Soldaten.
Morgens früh ging es zu Fuß bei Dunkelheit zum Tunnel oberhalb der Weinbaudomäne. Ihre Arbeitsstätte war im Kuxbergtunnel, der Richtung Ahrweiler führte. Häftlinge in gestreifter Kleidung hat sie nur bei untergeordneter Arbeit sehen können. Ein Kontakt mit diesen war strengstens verboten, dennoch konnte man manchmal ein Stück Brot für sie fallen lassen.

Mahlzeiten wurden im Tunnel eingenommen. Auch die Küche war darin untergebracht. Der ehemalige Eisenbahntunnel hatte an einer Seite einen durchgehenden Gang bzw. Transportweg, in dem auch Schienen für handgezogene Loren lagen. Der restliche Tunnelquerschnitt war mit Werkstatträumen ausgebaut. Teilweise waren Zwischendecken aus Holz eingebaut, auf denen dann Büros eingerichtet waren.

Für die oben erwähnte Beschäftigungsdauer und Verdiensthöhe gibt die noch vorhandene Sozialversicherungskarte Auskunft.

Herr Nuppeney war bei der Luftnachrichtentruppe. Dort baute er „Würzburg-Riese"-Funkmessgeräte auf und betrieb sie in Dänemark, an der Kanalküste, auf Sizilien und Sardinien, in Italien und an der ostpreußischen Küste. Dort geriet er in russische Kriegsgefangenschaft.

Matthias Hilger wurde am 12.04.1925 als Sohn eines Landwirts mit Schuhhandel und Schlosserei in Oberzissen geboren. Weil zwei seiner Schwestern früh an TBC verstorben waren und er selbst bei

Agnes Bell als 16-jähriges Mädchen

der Musterung an einem Nierenleiden litt, wurde er vom Wehrdienst freigestellt und im Mai 1944 als ausgebildeter Schuhmachergeselle zu Arbeiten im Lager Rebstock zwangsverpflichtet.

Dort war es seine Aufgabe, die Stiefel und Schuhe der Wehrmachts-Wachkompanie instand zu halten. Sein Arbeitsplatz war zusammen mit dem eines Schneiders in einer Baracke nördlich des Kuxbergtunneleingangs.

Hilger und viele andere waren in Heimersheim in einem Massenquartier untergebracht. Mit der Reichsbahn fuhren sie morgens nach Marienthal und abends zurück. Nur am Wochenende, von Samstagnachmittag bis Sonntagabend, fuhr er mit dem Fahrrad zu seinen Eltern nach Hause.
In die Tunnel bei Marienthal ist er nie hineingekommen, KZ-Häftlinge hat er dort nie gesehen. Zu diesem Zeitpunkt wusste er auch nichts von der Existenz der Konzentrationslager. Er kann auch nicht sagen, was in den anderen Baracken gemacht wurde.

Der Betrieb ist dann Mitte Dezember 1944 nach Artern/Mitteldeutschland

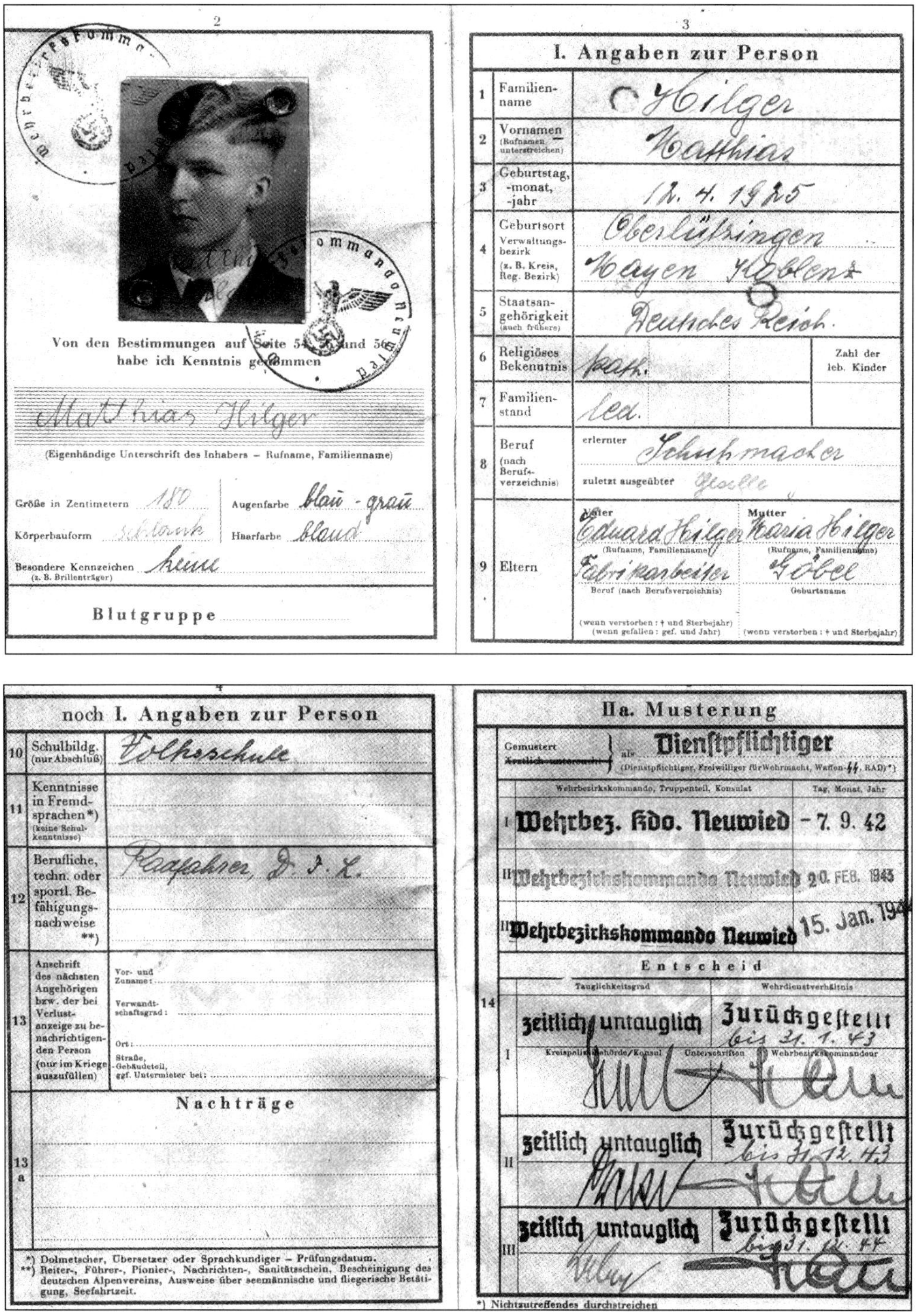

2

Von den Bestimmungen auf Seite 54 und 56 habe ich Kenntnis genommen

Matthias Hilger
(Eigenhändige Unterschrift des Inhabers – Rufname, Familienname)

Größe in Zentimetern 180 Augenfarbe blau-grau
Körperbauform schlank Haarfarbe blond
Besondere Kennzeichen (z. B. Brillenträger) keine

Blutgruppe

3

I. Angaben zur Person

1	Familienname	Hilger
2	Vornamen (Rufnamen unterstreichen)	Matthias
3	Geburtstag, -monat, -jahr	12. 4. 1925
4	Geburtsort, Verwaltungsbezirk (z. B. Kreis, Reg. Bezirk)	Oberlützingen, Mayen Koblenz
5	Staatsangehörigkeit (auch frühere)	Deutsches Reich
6	Religiöses Bekenntnis	kath. — Zahl der leb. Kinder
7	Familienstand	led.
8	Beruf (nach Berufsverzeichnis)	erlernter: Schuhmacher; zuletzt ausgeübter: Geselle
9	Eltern	Vater: Eduard Hilger (Rufname, Familienname), Fabrikarbeiter (Beruf (nach Berufsverzeichnis)) (wenn verstorben: † und Sterbejahr) (wenn gefallen: gef. und Jahr); Mutter: Maria Hilger (Rufname, Familienname), Göbel (Geburtsname) (wenn verstorben: † und Sterbejahr)

noch I. Angaben zur Person

10	Schulbildg. (nur Abschluß)	Volksschule
11	Kenntnisse in Fremdsprachen*) (keine Schulkenntnisse)	
12	Berufliche, techn. oder sportl. Befähigungsnachweise **)	Radfahrer, D. J. L.
13	Anschrift des nächsten Angehörigen bzw. der bei Verlustanzeige zu benachrichtigenden Person (nur im Kriege auszufüllen)	Vor- und Zuname: / Verwandtschaftsgrad: / Ort: / Straße, Gebäudeteil, ggf. Untermieter bei:
13 a	Nachträge	

*) Dolmetscher, Übersetzer oder Sprachkundiger – Prüfungsdatum.
**) Reiter-, Führer-, Pionier-, Nachrichten-, Sanitätsschein, Bescheinigung des deutschen Alpenvereins, Ausweise über seemännische und fliegerische Betätigung, Seefahrtzeit.

IIa. Musterung

Gemustert ~~Freiwillig untersucht~~ als **Dienstpflichtiger** (Dienstpflichtiger, Freiwilliger für Wehrmacht, Waffen-SS, RAD)*)

	Wehrbezirkskommando, Truppenteil, Konsulat	Tag, Monat, Jahr
I	Wehrbez. Kdo. Neuwied	7. 9. 42
II	Wehrbezirkskommando Neuwied	20. FEB. 1943
III	Wehrbezirkskommando Neuwied	15. Jan. 1944

14 Entscheid

	Tauglichkeitsgrad	Wehrdienstverhältnis
I	zeitlich untauglich	Zurückgestellt bis 21. 1. 43
II	zeitlich untauglich	Zurückgestellt bis 31. 12. 43
III	zeitlich untauglich	Zurückgestellt bis 31. 12. 44

Kreispolizeibehörde/Konsul – Unterschriften – Wehrbezirkskommandeur

*) Nichtzutreffendes durchstreichen

Wehrpass des Matthias Hilger

Josef Weidenbach auf Fronturlaub mit seiner späteren Ehefrau und Freunden aus dem Dorf.

Dokument unten:
Offizieller Entlassungsschein der französischen Militärregierung nach Buschhöfe im Kreis Ahrweiler

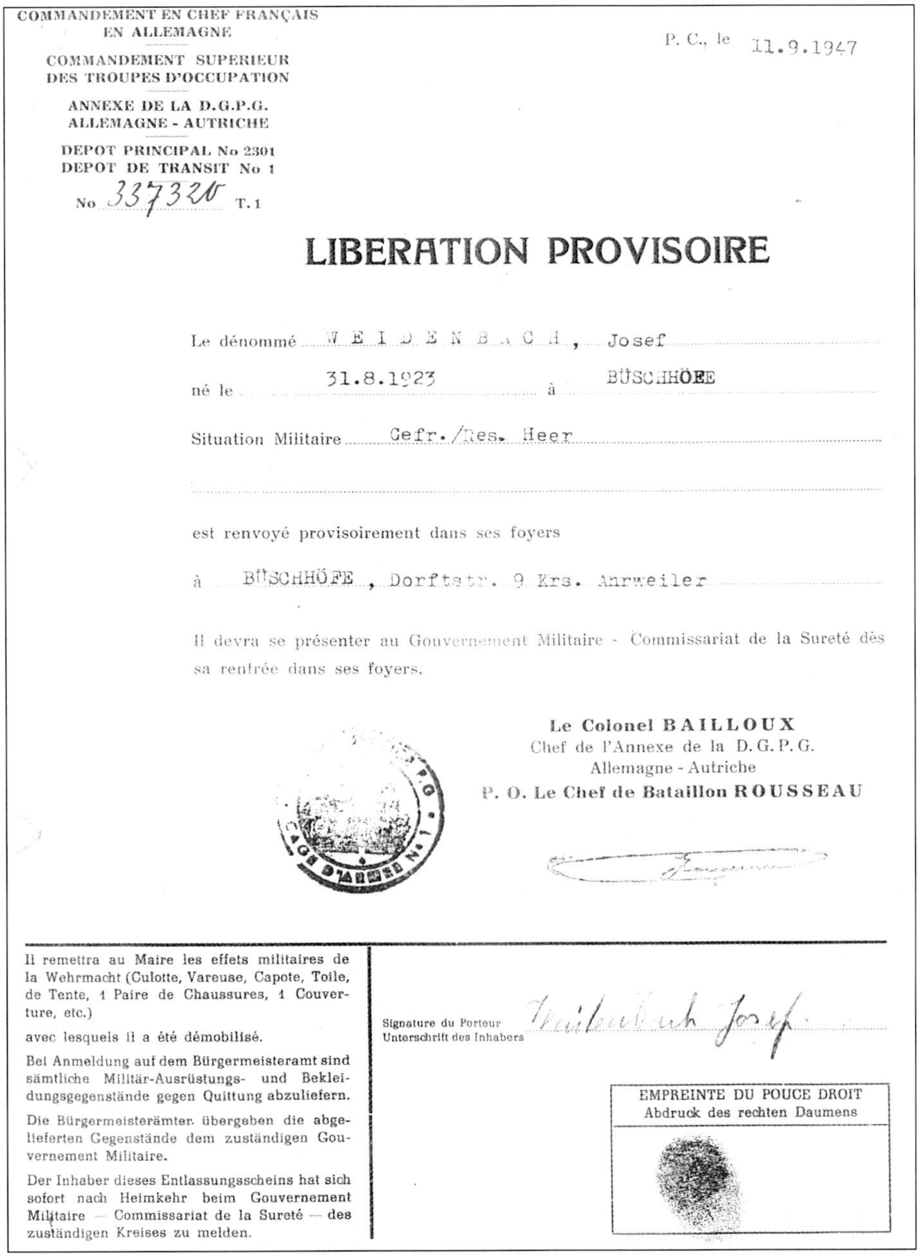

COMMANDEMENT EN CHEF FRANÇAIS
EN ALLEMAGNE

COMMANDEMENT SUPERIEUR
DES TROUPES D'OCCUPATION

ANNEXE DE LA D.G.P.G.
ALLEMAGNE - AUTRICHE

DEPOT PRINCIPAL No 2301
DEPOT DE TRANSIT No 1

No 337320 T. 1

P. C., le 11.9.1947

LIBERATION PROVISOIRE

Le dénommé W E I D E N B A C H, Josef

né le 31.8.1923 à BÜSCHHÖFE

Situation Militaire Gefr./Res. Heer

est renvoyé provisoirement dans ses foyers

à BÜSCHHÖFE, Dorftstr. 9 Krs. Ahrweiler

Il devra se présenter au Gouvernement Militaire - Commissariat de la Sureté dès sa rentrée dans ses foyers.

Le Colonel BAILLOUX
Chef de l'Annexe de la D. G. P. G.
Allemagne - Autriche
P. O. Le Chef de Bataillon ROUSSEAU

Il remettra au Maire les effets militaires de la Wehrmacht (Culotte, Vareuse, Capote, Toile, de Tente, 1 Paire de Chaussures, 1 Couverture, etc.)

avec lesquels il a été démobilisé.

Bei Anmeldung auf dem Bürgermeisteramt sind sämtliche Militär-Ausrüstungs- und Bekleidungsgegenstände gegen Quittung abzuliefern.

Die Bürgermeisterämter übergeben die abgelieferten Gegenstände dem zuständigen Gouvernement Militaire.

Der Inhaber dieses Entlassungsscheins hat sich sofort nach Heimkehr beim Gouvernement Militaire — Commissariat de la Sureté — des zuständigen Kreises zu melden.

Signature du Porteur
Unterschrift des Inhabers Weidenbach Josef

EMPREINTE DU POUCE DROIT
Abdruck des rechten Daumens

verlegt worden. Er selbst blieb zunächst zurück und arbeitete einige Tage als Schuhmacher in einem Neuenahrer Lazarett. Dann musste auch er nach Artern nachreisen und traf dort am 24.12.1944 ein. Dort hatte er die gleiche Tätigkeit wie im Lager Rebstock und arbeitete auch wieder mit seinem taubstummen Deutsch-Italiener zusammen. Da sah er dann zum ersten Mal KZ-Häftlinge, denen sie ab und zu etwas zu Essen geben konnten. An seinem Geburtstag, dem 12. April erlebte er in Artern den Einmarsch bzw. die Befreiung durch die Amerikaner. Weil er mit seinem Wehrpass nachweisen konnte, dass er nie Soldat war, wurde er auch nicht Kriegsgefangener und beschloss Ende April mit seinem Kollegen, zurück nach Hause ins Rheinland zu gehen.

Sein Vater hatte ihm im Dezember eine Kiste Zigarren mitgegeben und mit dieser tauschte er zunächst einen guten Wintermantel ein. Diesen wiederum tauschte er in ein brauchbares Fahrrad um. So bewegten sich Hilger und sein Deusch-Italiener Anfang Mai quer durch Deutschland und durch viele Kontrollstellen, die sie mit amerikanischen Passierscheinen gut hinter sich ließen.

Am 8. Mai, dem Tag der deutschen Kapitulation traf er schließlich bei seinen Eltern in Oberzissen ein und für ihn war der Krieg endlich zu Ende.

Josef Weidenbach kam am 31.08.1923 zur Welt und arbeitete nach der Schule zunächst in der elterlichen Landwirtschaft. Im April 1942 wurde er Soldat der 263. Infanterie-Division und nach kurzer Ausbildung in Frankreich als Infanterist in den Mittelabschnitt der Ostfront verlegt. Dort wurde er im Mai 1943 durch einen Oberschenkelschussbruch schwer verwundet.

Nach Abheilung der Wunden musste er sich Anfang Mai 1944 bei der Heeresentlassungsstelle in Koblenz melden. Er wurde als Schwerbeschädigter vom Wehrdienst beurlaubt mit der Auflage, sich innerhalb der nächsten drei Tage eine Arbeit zu suchen.

Das Arbeitsamt vermittelte ihn zur Firma Gollnow & Sohn nach Marienthal, wo er ab dem 12. Mai 1944 seine Arbeit aufnahm. Er war einer Arbeitsgruppe von 25 Deutschen und 25 holländischen Zwangsarbeitern zugeteilt, die alle im Elektrobereich tätig waren. Auf Grund seiner Schwerbeschädigung war er in Dernau privat untergebracht, bekam von seinen Wirtsleuten Frühstück und Abendessen ins Zimmer gebracht und wurde morgens und abends zur Arbeitsstelle hin und zurückgefahren.

Zwischen Marienthal und den Tunneleingängen weiter oben war eine Schranke, an der einige SS-Wachen standen. Sein Arbeitsplatz lag im Kuxbergtunnel. Vom Tunnelportal aus gesehen waren die Arbeitsräume rechts der Tunnelmitte, während auf der linken Seite die Fahrbahn war. Anfangs nahmen er und seine Kollegen das Mittagessen vor dem Tunnel im Freien zu sich. Nach einem schweren Bombenangriff auf Marienthal aber, bei dem viele Häuser unten im Tal zerstört wurden, durften sie sich nur noch im Tunnel verpflegen.
Vom Arbeitgeber bekam Weidenbach einen weißen Arbeitskittel und er saß alleine in seinem Arbeitsraum, wo er mittels Prüflampen die Durchleitfähigkeit von vieladrigen Kabeln prüfte. Manchmal hatte er Spät- bzw. Nachtschicht. Er glaubt, dass der Betrieb rund um die Uhr arbeitete. Ab Mitte September wurde ein Teil der Maschinen abgebaut und nach Artern verlegt und damit auch Arbeitskräfte. Als Schwerbeschädigter durfte er bleiben und beendete sein Arbeitsverhältnis am 30.09.1944. Danach musste er seine Uniform zurückgeben und er blieb über das Kriegsende hinaus bei seinen Eltern im Brohltal.
In der Zeit vom 12.05. bis 30.09.1944 verdiente er 845 Reichsmark zuzüglich Unterbringung und Verpflegung. Von der französischen Besatzungsmacht erhielt er am 11.09.1947 die Entlassungspapiere. Aus seinem Heimatort Niederdürenbach arbeitete auch noch ein gelernter Maurer zur gleichen Zeit bei Gollnow & Sohn.

Gertrud Knieps, geb. am 14.12.1923 lebte damals bei ihren Eltern in der Bad Neuenahrer Kreuzstraße 49. Ihre RAD-Zeit 1940 verbrachte sie in der Lüneburger Heide, die letzten 6 Monate in einer Munitionsfabrik. Zurück in Neuenahr arbeitete sie im Fotoatelier Steinborn sowohl im Labor wie auch im Verkauf.

Im Juni 1944 heiratete Gertrud Knieps den Soldaten Toni Schneck und kurz danach wurde sie dienstverpflichtet nach Marienthal zur Firma Gollnow & Sohn in den Eisenbahntunnel. Morgens und Abends fuhren sie und viele andere mit der Reichsbahn von Neuenahr bis zur Haltestelle Marienthal, um im Kuxbergtunnel zu arbeiten. Ihre Aufgabe war es, verschiedenfarbige Elektrodrähte auf einer Schalttafel richtig einzustecken und dann festzulöten.

Mittags wurden mitgebrachte Butterbrote am Arbeitsplatz verzehrt. Manchmal hat sie KZ-Häftlinge in gestreiften Anzügen gesehen. Obwohl diese ständig unter Bewachung standen, gelang es hin und wieder, ihnen ein Stück Brot zuzustecken.

Etwa Mitte September 1944 wurde ihre Arbeitsgruppe nach Artern verlegt und sie ging mit, ohne es zu müssen. Ihr Grund war der Umstand, dass Ehemann Toni schwer kriegsverletzt in Erfurt im Lazarett lag und sie von Artern aus diesen öfter besuchen konnte. In Artern hieß ihr Arbeitgeber Geyer & Sohn. Über Weihnachten 1944 verbrachte Gertrud einige Tage Heimaturlaub im Ahrtal. Ehemann Toni wurde im März 1945 wegen der Kriegsverletzungen aus der Wehrmacht entlassen und bebewarb sich bei Geyer & Sohn in Artern, wo er Ende März eingestellt wurde.
Das Ehepaar Schneck arbeitete nun zusammen und hatte auch eine gemeinsame Privatunterkunft in Artern.

Nach dem Einmarsch der Amerikaner Mitte April kam Frau Schneck in den Wirren des Kriegsendes in den Besitz eines großen Ballens bulgarischen Tabaks, der ihnen in der folgenden Zeit sehr half.

Weil Ende April das Gerücht umging, dass die Russen kämen, brach das Ehepaar Schneck mit einem Handkarren und dem Tabakballen darauf zu Fuß auf, um mit einigen anderen Ahrtalern nach Hause zu ziehen.

Vor der amerikanischen Schiffsbrücke bei Bad Godesberg am Rhein/Niederdollendorf wurden alle durch die US-Ar-

Die junge Gertrud Schneck, geb. Knieps mit ihrem Mann Toni als kriegsversehrtem Urlauber 1944.

Karl-Heinz Schnitzler als Elektrolehrling

my entlaust und das Paar traf am 12. Mai 1945 bei den Schwiegereltern in Heimersheim ein.

K.H. Schnitzler wurde am 21.04.1929 geboren und lebt seitdem in Bad Neuenahr.

Am 22. April 1943 begann Schnitzler seine Elektrolehre bei der Firma Pohl in Neuenahr. Bereits 2-3 Wochen später ist sein Lehrherr Josef Pohl mit ihm auf dem Sozius sonntagsmorgens auf dem Motorrad nach Marienthal gefahren. Dort waren sie im Kuxbergtunnel, der damals noch zur Champignonzucht genutzt wurde, verabredet. Man beauftragte die Fa. Pohl, die ersten 100 Meter des Tunnels auszuleuchten. Dafür wurden ca. 8-10 Straßenlaternen der Neuenahrer Hauptstraße abmontiert. Als der Tunnelanfang damit provisorisch beleuchtet war, kam eine hochrangige Delegation von Zivilisten und Soldaten, um die Tunnelröhre zu begutachten. Bald danach wurden die Elektrofirmen Pohl, Wester, Lohmer und Zirfas zu einer Arbeitsgemeinschaft zusammengelegt und der Firma Siemens unterstellt. In den folgenden Monaten wurde der ganze Kuxbergtunnel mit Elektroleitungen und Beleuchtung so ausgestattet, dass an den Tunnelwänden auch Werkzeugmaschinen aufgestellt werden konnten. Diese Drehbänke, Bohrmaschinen und anderes kamen aus Italien und italienische Kriegsgefangene wurden den deutschen Produktionsarbeitern bzw. den ausländischen Zwangsarbeitern zugegeben.

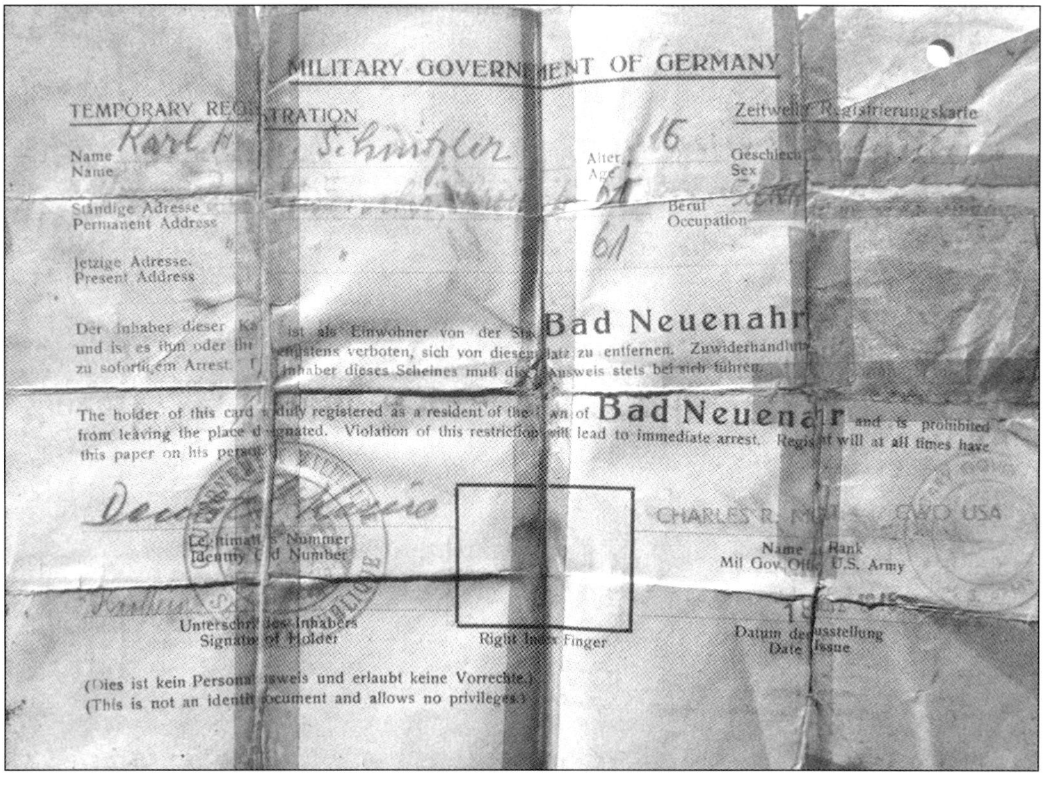

MILITARY GOVERNMENT OF GERMANY

TEMPORARY REGISTRATION — Zeitweilige Registrierungskarte

Name / Name: Karl H. Schnitzler — Alter / Age: 16 — Geschlecht / Sex

Ständige Adresse / Permanent Address — Beruf / Occupation

Jetzige Adresse / Present Address

Der Inhaber dieser Karte ist als Einwohner von der Stadt **Bad Neuenahr** … und ist es ihm oder ihr … stens verboten, sich von diesem Platz zu entfernen. Zuwiderhandlung … zu sofortigem Arrest. … Inhaber dieses Scheines muß diesen Ausweis stets bei sich führen.

The holder of this card … duly registered as a resident of the town of **Bad Neuenahr** and is prohibited from leaving the place designated. Violation of this restriction will lead to immediate arrest. Registrant will at all times have this paper on his person.

Legitimations-Nummer / Identity Card Number

CHARLES R. … CWO USA

Name & Rank / Mil Gov Officer U.S. Army

Unterschrift des Inhabers / Signature of Holder

Right Index Finger

Datum der Ausstellung / Date of Issue

(Dies ist kein Personalausweis und erlaubt keine Vorrechte.)
(This is not an identity document and allows no privileges.)

US-amerikanische Registrierungskarte vom 18. März 1945

Die Neuenahrer Baufirma Fix hatte allerdings vorher schon auf den ca. ersten 100 Metern des Kuxbergtunnels eine Längsmauer mit Türöffnungen eingezogen, die rechts 2/3 des Tunnelprofils für Werkstätten abtrennte und links einen durchlaufenden Fahrweg freiließ, der breit genug für einen OPEL-Blitz-LKW war. In diesem Tunnelbereich war auch in etwa halber Höhe eine Zwischendecke eingebaut, auf der Büroräume eingerichtet wurden.

Nach Fertigstellung des Kuxbergtunnels wurden die gleichen Elektroarbeiten zunächst im Trotzenberg- und dann im Silberbergtunnel durchgeführt.
Die Stromversorgung für Kux- und Trotzenbergtunnel kam als Niederspannungsleitung von der Domäne hoch. In beiden Tunneleingängen standen große Ventilatoren, die für Frischluft in den Röhren sorgen sollten. Vor dem Kuxbergtunnel rechts war eine Baracke, in der zwei Dampfkessel beide Tunnel beheizten. Am Bahndamm zwischen Kux- und Silberbergtunnel war ein kleines Steinhaus, in dem ein weiterer Heizkessel für Wärme sorgte.
Schließlich wurde auch der Silberbergtunnel ausgeleuchtet, um dort Hanomag-Zugmaschinen und OPEL-Blitz-Werkstattwagen abzustellen. Mitte 1944 wa-

ren die Arbeiten der Elektro-AG in Marienthal beendet. Anschließend wurde der Tunnel zwischen Treis und Bruttig elektrisch installiert und danach ein Tunnel bei Gotha.
K. H. Schnitzler blieb jedoch in Neuenahr und musste im November mit anderen HJ-Mitgliedern und alten Männern am Westwall bei Welschbillig Infantriegräben schanzen.
Beim Betrachten der amerikanischen Aufklärerfotos von Marienthal berichtete S., dass die letzte Baracke oberhalb des Bahndammes und vor der Wegekurve mit normalen Sträflingen belegt war. Das Gebäude war durch Stacheldraht hermetisch gesichert. Die Leute trugen Häftlingskleidung und arbeiteten im Trotzenbergtunnel. Links vom Tunnelportal, zwischen den großen Baracken, die erst nach Schnitzlers Zeit aufgestellt worden sind und dem Berghang war eine große Platte betoniert. Auf dieser wurde unter Tarnnetzen die Funktion der Meillerwagen getestet. Die notwendige V2 dafür war im Trotzenbergtunnel abgestellt und konnte mit zwei Flaschenzügen auf die Wagen gehievt werden.

Nach Schnitzlers Erinnerung wurden im Kuxbergtunnel elektrische und sonstige Kleinteile bzw. -anlagen produziert, die im Trotzenbergtunnel in die entsprechenden Fahrzeuge eingebaut wurden.
Vor dem Herrenbergtunnel bei Rech waren aus Richtung Mayschoß gesehen in der dort zweigleisigen Ahrtalstrecke zwei Weichen eingebaut, die ein Normalgleis zum Tunneleingang führten. Dort war ein Prellbock und ahrseits war eine lange Rampe parallel zum Gleis gebaut worden. Die Firma Fix hatte von dort eine Kleinbahn durch den Herrenbergtunnel und über die vorhandene Bahntrasse bis zum Trotzenbergtunnel gelegt. Diese mit einer kleinen Dampflok gezogene Kleinbahn auf Schmalspur sicherte den Materialnachschub für die Produktionsstätte Rebstock.
Nach Bombardierungen gefragt erzählte Herr Schnitzler, dass die Eisenbahn-Ahrbrücken zwischen Walporzheim und Marienthal oft das Angriffsziel feindlicher Bomber und später Jagdbomber gewesen sind. Oberhalb der Bunten Kuh, dort wo heute eine Schutzhütte steht und auf den Höhen über den Tunneleingängen bei Marienthal war deutsche Vierlingsflak in Stellung. Dennoch wurde die Ahrbrücke unterhalb vom Dorf oft durch Bomben zerstört. Ein Bauzug der Reichsbahn hat im Bahnhof Walporzheim gestanden, um die Gleis- und Brückenschäden schnellstmöglich zu reparieren.
Nach seiner Zeit in Marienthal wurde der Ort fast vollständig zerstört, nur die Gebäude der Domäne blieben unversehrt.
Im großen Gebäude der Domäne war übrigens die Verwaltung vom Lager Rebstock. Dort bekamen die zivilen Mitarbeiter ihre Ausweise, welche mit den Zahlen 1-3 versehen waren. Die Zahl 1 berechtigte zum Betreten des Silberbergtunnels, die 2 war für den Kuxberg- und die 3 für den Trotzenbergtunnel zuständig.
Karl-Heinz Schnitzlers Ausweis trug alle drei Zahlen, weil er ja überall die Elektrik installieren und instandhalten musste.

Das Kriegsende erlebte der Lehrling in Neuenahr zwischen dem 6. und 8. März 1945. Nach dem Rückzug der letzten Wehrmachtssoldaten und vor dem Eintreffen der Amerikaner konnte die Familie Schnitzler wie viele anderen Neuenahrer durch „Selbstbedienung“ in einem Wehrmachtsverpflegungslager für die kommende Hungerzeit vorsorgen. Bald nach Einzug der Amis bekam K.-H. Schnitzler eine Registrierungskarte und setzte seine Lehr fort, um 1947 die Gesellenprüfung abzulegen.

Erwin Ritzrow wurde am 25.04.1922 geboren und lebte zunächst bei seinen Eltern in Treptow an der Rega in Pommern. Der gelernte Gas- und Wasserinstallateur kam 1941 zur Wehrmacht und wurde als Pionier am 19.02.1943 an der Ostfront verwundet. Einigermaßen genesen kehrte er im Mai 1943 zu seinem Ersatztruppenteil in Schwedt an der Oder zurück. Im Juli wurden in seiner Einheit gelernte Elektriker gesucht, um Fernraketentruppenteile neu aufzustellen. Weil an der geforderten Anzahl noch einer fehlte, meldete der Spieß den Obergefreiten Ritzrow mit zur Versetzung zur Neuaufstellung. Zunächst arbeiteten die Fachleute bei der Werft Gollnow&Sohn in Stettin an der Fertigung von A4- (V2) Bodenanlagen. Mitte März 1944 verlegte das Kommando von 66 Mann unter Führung eines Oberfeldwebels nach Ma-

Fronturlaubsfoto von links nach rechts: Schwester Erna (†), Erwin Ritzrow, Bruder Kurt (März 1945 in Polen vermisst), Mutter Hedwig (†), Vater Johannes (†).

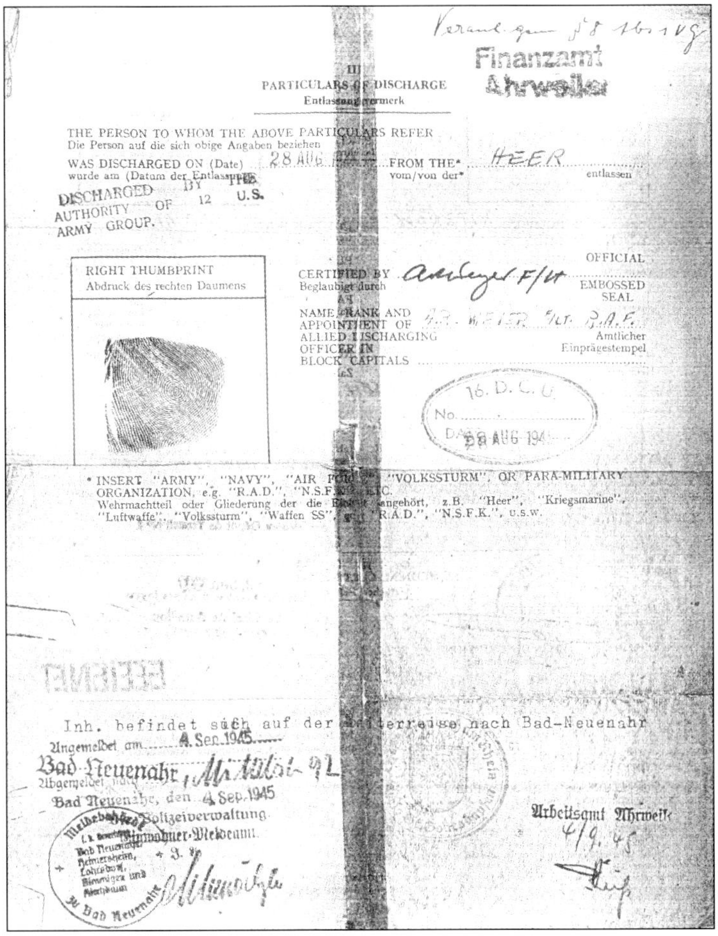

III
PARTICULARS OF DISCHARGE
Entlassungsvermerk

Finanzamt Ahrweiler

THE PERSON TO WHOM THE ABOVE PARTICULARS REFER
Die Person auf die sich obige Angaben beziehen
WAS DISCHARGED ON (Date) 28 AUG [illegible] FROM THE* HEER
wurde am (Datum der Entlassung) vom/von der* entlassen

DISCHARGED BY THE AUTHORITY OF 12 U.S. ARMY GROUP.

RIGHT THUMBPRINT
Abdruck des rechten Daumens

CERTIFIED BY [illegible]
Beglaubigt durch
NAME, RANK AND APPOINTMENT OF ALLIED DISCHARGING OFFICER IN BLOCK CAPITALS
OFFICIAL EMBOSSED SEAL
Amtlicher Einprägestempel

16. D. C. U.
No.
DATE 28 AUG 1945

* INSERT "ARMY", "NAVY", "AIR FORCE", "VOLKSSTURM", OR PARA-MILITARY ORGANIZATION, e.g. "R.A.D.", "N.S.F.K." ETC.
Wehrmachtteil oder Gliederung der die Einheit angehört, z.B. "Heer", "Kriegsmarine", "Luftwaffe", "Volkssturm", "Waffen SS", [illegible] "R.A.D.", "N.S.F.K.", u.s.w.

Inh. befindet sich auf der [illegible]erreise nach Bad-Neuenahr
Angemeldet am 4. Sep. 1945
Bad Neuenahr
Abgemeldet nach
Bad Neuenahr, den 4. Sep. 1945
Polizeiverwaltung
Einwohner-Meldeamt

Arbeitsamt Ahrweiler
4/9.45

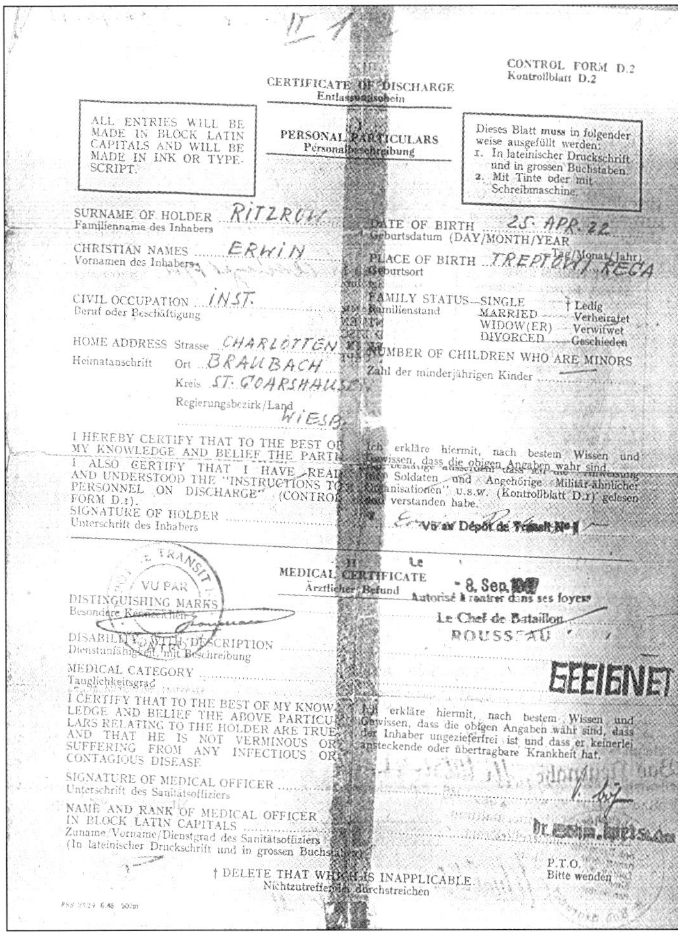

CONTROL FORM D.2
Kontrollblatt D.2

III
CERTIFICATE OF DISCHARGE
Entlassungsschein

ALL ENTRIES WILL BE MADE IN BLOCK LATIN CAPITALS AND WILL BE MADE IN INK OR TYPE-SCRIPT.

PERSONAL PARTICULARS
Personalbeschreibung

Dieses Blatt muss in folgender weise ausgefüllt werden:
1. In lateinischer Druckschrift und in grossen Buchstaben.
2. Mit Tinte oder mit Schreibmaschine.

SURNAME OF HOLDER RITZROW
Familienname des Inhabers
DATE OF BIRTH 25. APR. 22
Geburtsdatum (DAY/MONTH/YEAR Tag/Monat/Jahr)
CHRISTIAN NAMES ERWIN
Vornamen des Inhabers
PLACE OF BIRTH TREPTOW/REGA
Geburtsort
CIVIL OCCUPATION INST.
Beruf oder Beschäftigung
FAMILY STATUS—SINGLE † Ledig
Familienstand MARRIED Verheiratet
WIDOW(ER) Verwitwet
DIVORCED Geschieden
HOME ADDRESS Strasse CHARLOTTEN
Heimatanschrift Ort BRAUBACH
Kreis ST. GOARSHAUSEN
Regierungsbezirk/Land WIESB.
NUMBER OF CHILDREN WHO ARE MINORS
Zahl der minderjährigen Kinder

I HEREBY CERTIFY THAT TO THE BEST OF MY KNOWLEDGE AND BELIEF THE PARTI[illegible]
I ALSO CERTIFY THAT I HAVE READ [illegible] AND UNDERSTOOD THE "INSTRUCTIONS TO [illegible] PERSONNEL ON DISCHARGE" (CONTROL FORM D.1).
Ich erkläre hiermit, nach bestem Wissen und Gewissen, dass die obigen Angaben wahr sind. Ich bestätige ausserdem dass ich die "Anweisung [illegible] Soldaten und Angehörige Militär-ähnlicher Organisationen" u.s.w. (Kontrollblatt D.1) gelesen und verstanden habe.
SIGNATURE OF HOLDER
Unterschrift des Inhabers
Vu au Dépôt de Transit No 1

II
MEDICAL CERTIFICATE
Ärztlicher Befund

VU PAR
Le - 8. Sep. 1947
Autorisé à rentrer dans ses foyers
Le Chef de Bataillon
ROUSSEAU

DISTINGUISHING MARKS
Besondere Kennzeichen
DISABILITY, WITH DESCRIPTION
Dienstunfähigkeit, mit Beschreibung
MEDICAL CATEGORY
Tauglichkeitsgrad
GEEIGNET

I CERTIFY THAT TO THE BEST OF MY KNOWLEDGE AND BELIEF THE ABOVE PARTICULARS RELATING TO THE HOLDER ARE TRUE AND THAT HE IS NOT VERMINOUS OR SUFFERING FROM ANY INFECTIOUS OR CONTAGIOUS DISEASE
Ich erkläre hiermit, nach bestem Wissen und Gewissen, dass die obigen Angaben wahr sind, dass der Inhaber ungezieferfrei ist und dass er keinerlei ansteckende oder übertragbare Krankheit hat.
SIGNATURE OF MEDICAL OFFICER
Unterschrift des Sanitätsoffiziers
NAME AND RANK OF MEDICAL OFFICER IN BLOCK LATIN CAPITALS
Zuname/Vorname/Dienstgrad des Sanitätsoffiziers (In lateinischer Druckschrift und in grossen Buchstaben)

† DELETE THAT WHICH IS INAPPLICABLE
Nichtzutreffendes durchstreichen
P.T.O.
Bitte wenden

Entlassungsschein aus US-amerikanischer Kriegsgefangenschaft am 28. August 1945 und Anmeldebestätigung in Bad Neuenahr

rienthal zum Lager Rebstock, in dem die gleiche Firma Gollnow&Sohn untertage und bombensicher weiterproduzierte. Dort hatte Erwin Ritzrow im Kuxbergtunnel die gleiche Arbeit wie in Stettin. Er verdrahtete und lötete Schaltschränke bzw. montierte Kabelbäume. Zusammen mit Kameraden wohnte er in der zweit- oder drittletzten Baracke nördlich des Tunnelportals. In den zwei großen Baracken waren Versorgungseinrichtungen und Büros. Im Tunnel selbst waren die ersten 15-20 Meter freigehalten und dienten als Abstellplatz für Fahrzeuge. Dahinter waren dann rechts Werkstatträume abgemauert und links blieb ein Weg für Fahrzeuge. Teilweise waren über den Werkstätten noch Büro- und Werkräume in einer 1. Etage.
An seinem Arbeitsplatz ihm gegenüber saß eine junge Zivilarbeiterin aus Bad Neuenahr, die er in den kommenden Wochen und Monaten kennen und lieben lernte. Nach dem Krieg heirateten beide am 8. Juni 1946. Pfingsten 1944 erlebte Ritzrow einen Luftangriff auf Marienthal. Wenn seine Kameraden und er mal ausgehen wollten, zogen sie durch den ganzen Kuxbergtunnel und benutzten den Ausgang bei Ahrweiler. Manchmal musste er mit geheimem Gepäck Dienstreisen nach Peenemünde und in die Tucheler Heide machen. Mitte Oktober 1944 kam er schließlich zu seinem Truppenteil, der Lehr- und Versuchsabteilung in Graudenz/Grenzmark zurück.

Kurz vor Kriegsende war seine Einheit bei Verden an der Aller. Dort erlebte er am 20. April 1945 den Bilderbuchstart einer V2, die in die Nordsee, westlich der nordfriesischen Inseln geschossen wurde. Es war vermutlich der letzte V2-Abschuss im Krieg.
Vor den anrückenden Engländern zogen sich die FR-Soldaten mit ihren Sonderfahrzeugen über den Kaiser-Wilhelm-Kanal bis nach Rendsburg zurück. Dort gingen die meisten nach dem 8. Mai in englische Internierung. Weil seine alte Heimat sowjetisch besetzt war und Bestandteil Polens werden sollte, wollte er nicht dorthin entlassen werden. Deshalb ließ er sich den Entlassungsschein nach Braubach am Rhein, damals Bestandteil der US-Zone, ausstellen. Zu Fuß schlug er sich über Marburg nach Braubach durch, wechselte von dort mit Tricks über den Rhein in die französische Zone und ging schließlich zu seiner Braut nach Bad Neuenahr, wo er sich am 4. September registrieren ließ.

Wilma Peters, geborene Radermacher wurde am 19.02.1926 in Bad Neuenahr geboren und lebte bei ihren Eltern in der Antoniusstraße. Nach der Schule ging sie in die Lehre als Verkäuferin. Im Sommer 1944 wurde sie zur Firma Gollnow&Sohn nach Marienthal dienstverpflichtet. Im Kuxbergtunnel leistete sie zusammen mit zwei anderen jungen Frauen Hilfsarbeiten beim Lichtbogenschweißen. Sie mussten Metallteile in der geforderten Position zueinander hal-

Die Kennkarte der Wilma Radermacher

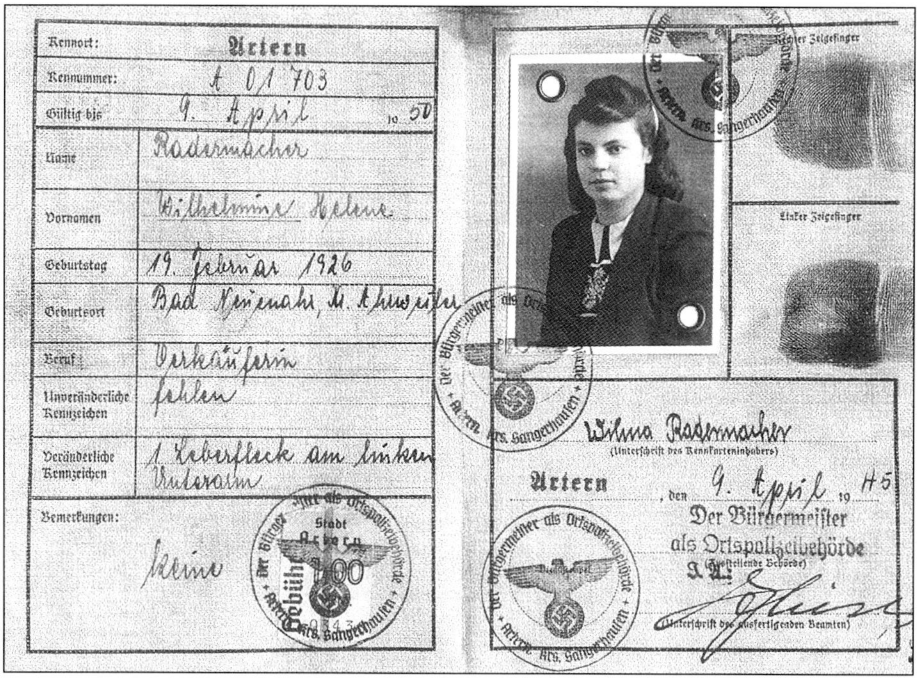

Kennort:	Artern
Kennnummer:	A 01 703
Gültig bis	9. April 19 50
Name	Radermacher
Vornamen	Wilhelmine Helene
Geburtstag	19. Februar 1926
Geburtsort	Bad Neuenahr, Kr. Ahrweiler
Beruf	Verkäuferin
Unveränderliche Kennzeichen	fehlen
Veränderliche Kennzeichen	1 Leberfleck am linken Unterarm
Bemerkungen:	keine

Rechter Zeigefinger

Linker Zeigefinger

Wilma Radermacher
(Unterschrift des Kennkarteninhabers)

Artern, den 9. April 19 45

Der Bürgermeister
als Ortspolizeibehörde
(Ausstellende Behörde)

(Unterschrift des ausfertigenden Beamten)

ten, damit die von der Wehrmacht gestellten Schweißer arbeiten konnten.

Mit der Reichsbahn fuhr Wilma Radermacher nach Marienthal und zurück. Normalerweise brachte sie belegte Butterbrote als Mittagsverpflegung mit in den Tunnel. Manchmal jedoch gab es von der Wehrmachtsgulaschkanone ein warmes Essen vor dem Tunneleingang.

Etwa Mitte Dezember wurde der Betrieb mit der Belegschaft komplett nach Artern in Thüringen verlegt. Dort war sie als Werkstattschreiberin tätig und die Arbeitsplätze waren nicht mehr untertage sondern in normalen Werkhallen. Wilma war privat bei einer jungen Frau mit Kind untergebracht. Deren Mann war als Soldat an der Front.
Weil Ende April, nach dem Einmarsch der Amerikaner, das Gerücht umging, die Russen kämen, brach Wilma Radermacher zusammen mit dem Ehepaar Schneck auf, um zu Fuß in die Heimat Ahrtal zu gehen. Am 12. Mai traf sie zu Hause in Neuenahr ein und erfuhr von der Mutter, dass der Vater als Zivilist beim Einmarsch der Amerikaner am 7. März durch einen Granatsplitter zu Tode gekommen und bereits beerdigt war.

Leni Menzen kam am 12.03.1925 in Bad Neuenahr zur Welt, lebte damals bei ihren Eltern in der Heerstraße 52 und erlernte das Friseurhandwerk.
Mitte 1944 wurde sie dienstverpflichtet zur Firma Gollnow&Sohn ins Lager Rebstock nach Marienthal. Frühmorgens wurden Leni und andere an einem Sammelpunkt in Neuenahr von einem PKW abgeholt und dorthin gefahren, wo heutzutage die „Römervilla" zu besichtigen ist. Zu Fuß stieg man zum Ostportal des Kuxbergtunnels auf und ging durch den langen Tunnel zum Arbeitsplatz in Richtung Marienthal.
Leni Menzen bildete mit Wilma Radermacher (später Peters) und der etwa 10 Jahre älteren Martha Weigel, geborene Sahr (†) ein Arbeitsteam. Die Hauptaufgabe der jungen Frauen waren Hilfsdienste bei Schweißarbeiten. Nach der Arbeit ging Leni Menzen den ganzen Weg nach Hause zu Fuß. Noch heute hat sie die häufigen Fliegeralarme in Erinnerung. Einmal habe sie einen Bombeneinschlag oberhalb des Tunneleingangs an ihrem Tunnelarbeitsplatz gemerkt.
Auch Leni Menzen zog Mitte Dezember mit der Firma und fast allen Mitarbeitern nach Artern um. Sie erinnert sich, dass es dort überhaupt keine Luftalarme gab und das Arbeiten in normalen Fabrikgebäuden viel erträglicher war. In Artern war sie privat untergebracht. Nach dem Einmarsch der US-Armee gelangte Leni Menzen zu Fuß zurück nach Bad Neuenahr. An die genaue Zeit der Wanderschaft und die Begleitpersonen kann sie Frau Ackermann heute nicht mehr erinnern.

Auf einem Tisch am Tunnelgewölbe des Kuxbergtunnel von links nach rechts: Martha Weigel, geb. Sahr, Leni Menzen, verh. Ackermann und Wilma Radermacher.

Leni Linden wurde am 4. Dezember 1924 geboren und lebte bei ihren Eltern in Bad Neuenahr. Nach Ostern 1943 legte sie die Gesellenprüfung im Friseurhandwerk ab und musste anschließend zusammen mit einer Freundin für ein halbes Jahr zum Reichs-Arbeits-Dienst in die Nähe von Saarburg.

Von dort im November 1943 zurückgekehrt, erfolgte die Dienstverpflichtung ins Lager Rebstock nach Marienthal. Nach kurzer Anlernzeit bestand ihre Beschäftigung darin, in kleinen Kästen Kabel zusammenzulöten. Ihre Arbeitsgruppe bestand aus vielen jungen Frauen und die Arbeiten wurden von einem Ingenieur namens Verley überwacht und kontrolliert.

Leni Linden erreichte Rebstock mit der Reichsbahn von Neuenahr aus. Im Kuxbergtunnel sah sie eine zeitlang auch KZ-Häftlinge arbeiten. Obwohl der Kontakt unter strengen Strafen verboten war, konnte sie dem einen oder anderen schon mal etwas zu essen zustecken. Nach ihrer Beobachtung leisteten die Zwangsarbeiter normale Installationsarbeiten.

Zwei junge Frauen in RAD-Uniformen: Leni Linden (rechts) und Gretel Schmitz

Im Herbst 1944 verlegte man sie mit den meisten Arbeitskollegen nach Artern in Thüringen, wo sie dieselben Tätigkeiten erledigten. Dort war Leni privat einquartiert und blieb über das baldige Kriegsende hinaus da.

Erst als die Amerikaner durch russische Besatzer abgelöst wurden, flüchtete Leni Linden mit einigen Freundinnen etappenweise und zu Fuß nach Westen. Bei Beverungen südlich von Höxter überquerten sie die damalige Demarkationsgrenze in den britisch besetzten Teil Deutschlands. Nach wochenlanger Wanderschaft kamen die jungen Frauen nach Köln an den Rhein, wo sie „entlaust" worden sind.

Am 13. Juni 1945 schließlich kehrte Leni zu ihren Eltern nach Bad Neuenahr zurück.

Luftangriffe auf das Ahrtal bei Marienthal

Ab Ende September/Anfang Oktober 1944 verlegten die Bomberverbände der 9. Air Force (9. US-Luftflotte) ihre Einsatzbasen von den britischen Inseln auf Flugplätze im befreiten Frankreich und Belgien. Diese 9. AF hatte rund 1900 Flugzeuge in den Kampfstaffeln. Jäger und Jagdbomber waren in drei taktischen Kommandos vorhanden, die leichten und mittleren Bomber wurden in der 9. Bombardment Division geführt. Rund 700 Bomber von den Typen A-20 Havoc, A-26 Invader und B-26 Marauder waren in zwölf Bombardment Groups gegliedert und hatten als vorrangigen Kampfauftrag „Interdiction": Unterbrechung der rückwärtigen Verbindungslinien zu den deutschen Fronttruppen.

Die vier Eisenbahnbrücken zwischen Walporzheim und Marienthal gehörten zu den bevorzugten Zielen und wurden von Oktober 1944 bis zum Februar 1945 dreizehnmal mit insgesamt 1474 Bomben angegriffen. Die Bomber mussten dabei entlang der Eisenbahnlinie fliegen und hatten dann vier Punktziele auf einer Streckenlänge von 1000 Metern.

Am 12. Oktober 1944 flog die 397. BG (Bombardment Group) den zweiten dieser Angriffe mit insgesamt 39 B-26-Bombern. Die BG startete westlich von Paris. Der Verband war unterteilt in drei Staffeln (boxes), welche aus je drei Schwärmen zu vier Maraudern bestand. Jede Staffel wurde von einem zusätzlichen Leitbomber geführt, der mit Rauchmarkierungen das Signal zum geschlossenen Bombenabwurf gab.

Falls ein Ziel nicht gesehen werden konnte, flog die Staffel bzw. der Schwarm ein vorher befohlenes Ausweichziel an oder bombardierte in eigenem Ermessen so genannte Gelegenheitsziele.
Das Ergebnis des Luftangriffs der 397. BG vom 12. Oktober wird hier im Original und in der Übersetzung wiedergegeben. Die Mission Summary listet alle Einsätze der 9. BD auf, während der Mission Report den Angriff der 397. BG auf Ahrweiler (Eisenbahnbrücken) beschreibt.

Einsatzbericht:

Ahrweiler (Eisenbahnbrücken)
397. Bomber-Gruppe:
39 Maschinen eingesetzt, 19 haben 76 x 453 kg GP-Sprengbomben auf das Erstziel geworfen; 12 Maschinen warfen 46 x 453 kg GP-Sprengbomben auf andere Ziele. 3 Maschinen haben Störstreifen abgeworfen.
Anmerkung des Verfassers: Störstreifen sind Aluminiumstreifen, die zur Täuschung deutscher Funkmessgeräte (Radar) abgeworfen wurden.

5 Maschinen konnten nicht bomben: 4 wegen des Wetters, 1 wegen technischen Versagens. 3 Schwärme griffen andere Ziele an, nachdem sie das Erstziel nicht finden konnten. 6 Maschinen wurden durch Flakbeschuss beschädigt, keine

Auch das Kriegstagebuch der Division z.V. meldet diesen Bombenangriff, bringt ihn aber fälschlicherweise mit dem Lager Rebtock in Verbindung:
13.10.1944:
Der Schießbetrieb der Batterien und der Nachschub laufen planmäßig. Wie nachträglich bekannt wird, wurde das Lager Rebstock durch feindliche Bomber in mehreren Wellen angegriffen. für den Führungsstab aller eingesetzten Teile des S.B. 2 wird ab sofort die Bezeichnung „Division z.V.“ befohlen. Verschuss 12 Geräte.

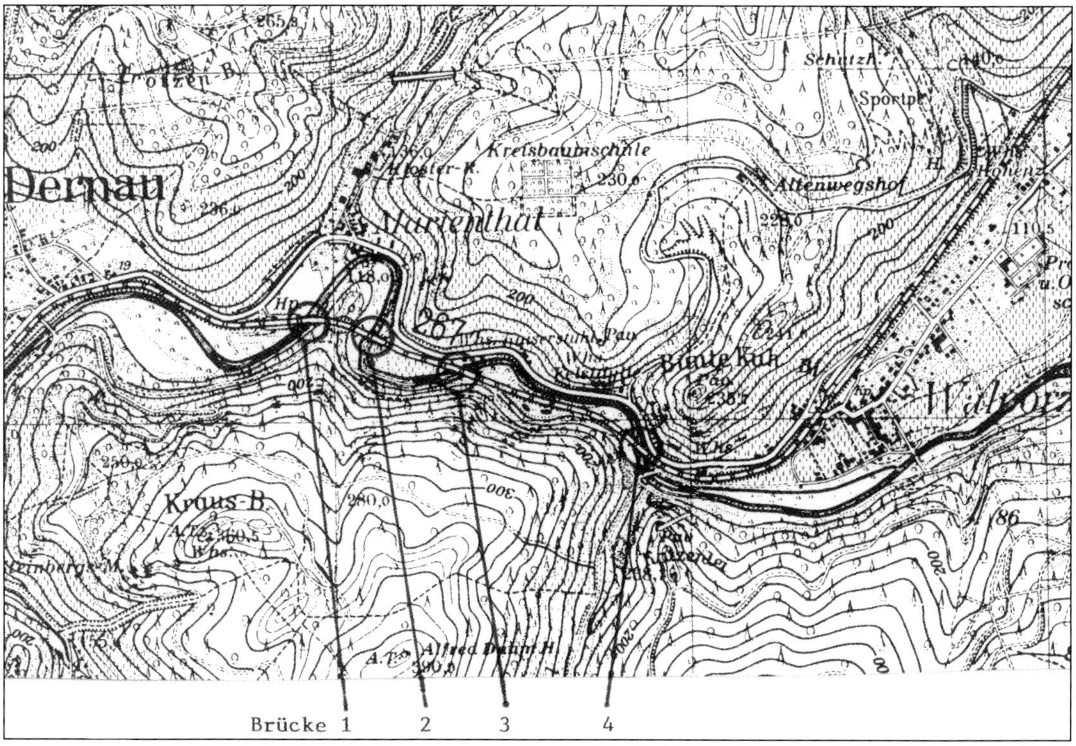

Ausschnitt aus der Karte 1:25000 zwischen Dernau und Walporzheim mit markierten Eisenbahnbrücken.

Marauder-Bomber greifen einen Verkehrsknotenpunkt an.

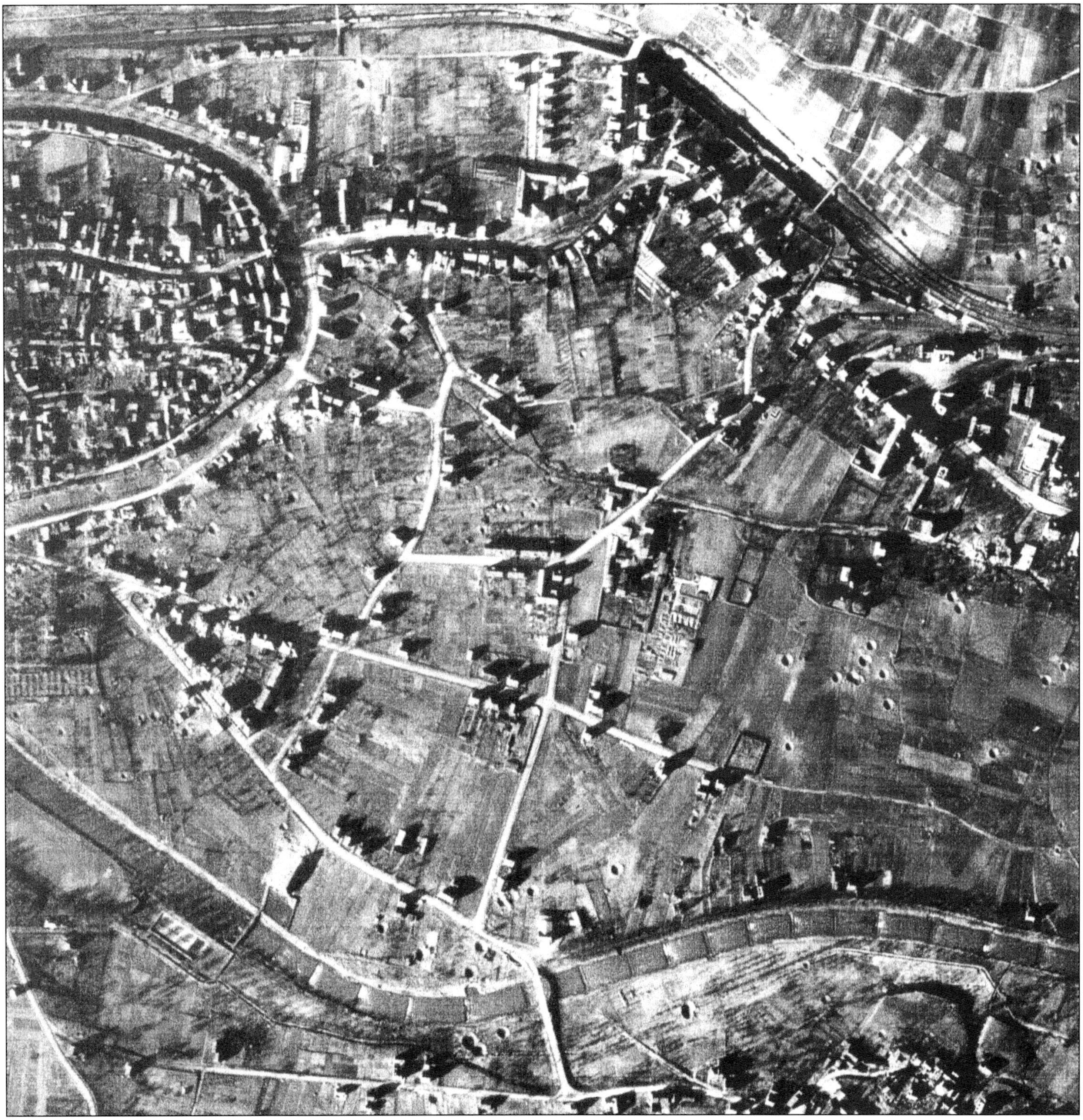

Unten Mitte: Bombentrichter im Bereich der Bachemer Ahrbrücke durch Angriff 1. Scharm der I. Staffel am 12.10.1944 (Ausweichziel)

Gefallenen, keine Verluste. Die Schwärme haben aus einer Höhe von 3230-3810 Metern gebombt.

Staffel I-1. Schwarm
Erstziel nicht bombardiert. Es war unmöglich, das Erstziel zu orten, der Schwarm griff die Straßenbrücke bei Ahrweiler, 3,9 km östlich des bestimmten Einschlagpunktes an (Koordinate der Brücke von Ahrweiler nach Bachem). Gutes Wurfmuster fiel 43 Meter westlich des ausgewählten Zielpunktes. Einschläge auf dem Nord- und Südufer mit wahrscheinlichen Treffern auf das Straßenkreuz nördlich der Brücke. Wahrscheinlich Detonationsschäden im Bereich.

2. Schwarm
Vorzüglich. Gutes Wurfmuster 88 Meter

nördlich des bestimmten Einschlagpunktes. Mögliche Treffer auf Eisenbahntrasse und Straße. Möglicher Schaden an der Brücke.

3. Schwarm
Zielpunkt nicht bombardiert. Es war unmöglich, den Zielpunkt zu finden. Der Schwarm griff eine benachbarte Brücke zur vorgegebenen an. Ein gutes Wurfmuster lag 190 Meter östlich des ausgewählten Zielpunktes, 500 Meter östlich des bestimmten Einschlagpunktes. Einschläge quer über der Straße.

Staffel II-1. Schwarm
Ungenau. Gutes Wurfbild 710 Meter südöstlich des bestimmten Einschlagpunktes. Mögliche Treffer auf Eisenbahntrasse (Ziel war verdeckt durch Rauch des vorhergehenden Angriffs).

2. Schwarm
Gut. Gutes Wurfbild 210 Meter westlich des ausgewählten Zielpunktes. Einschläge quer über Eisenbahntrasse und Straße. Mögliche Treffer auf Eisenbahnbrücke bei Koordinate F-518153 (= westliche B. bei Marienthal).

3. Schwarm
Erstziel nicht bombardiert. Beim Zweitanflug keine Abwurfgelegenheit, weil anderer Schwarm „zu nah“. Der Bombenschütze griff daraufhin eine andere Brücke am Rhein an: 16,6 km nordöstlich des Erstzieles (Eisenbahnbrücke Remagen). Die Bomben lagen verstreut und nah am ausgewählten Zielpunkt - 12 m östlich des ausgewählten Zielpunktes. Wahrscheinlich Treffer auf der Brücke.

Staffel III-1. Schwarm
Zielpunkt nicht bombardiert. Als Wolken die Brücke verdeckten, griff der Schwarm die Eisenbahntrasse an, die zu ihr führte. Gutes Wurfbild 1 200 Meter östlich des bestimmten Einschlagpunktes. Treffer quer über dem Schienen-

881

SECRET

HEADQUARTERS
9TH BOMBARDMENT DIVISION (M)

APO # 140
13 October 1944

MISSION SUMMARY

12 October 1944 — Section I — Field Order #593

GROUP	TARGET	MISSION RESULTS
1028 397 BG 6133	Ahrweiler (RR Bridge)	Box I, 1st 4 - P.N.B.
		2nd 4 - Excellent
		3rd 4 - A.P.N.B.
		Box II, 1st 4 - Gross
		2nd 4 - Good
		3rd 4 - P.N.B.
		Box III 1st 4 - A.P.N.B.
		2nd 4 - A.P.N.B.
		3rd 4 - No attack

Ahrweiler (RR Bridge)

397 BG: 39 a/c dispatched, 19 dropping 76 x 1000 GP on primary; 12 dropping 46 x 1000 GP on other targets. 3 window a/c.

5 a/c failed to bomb: 4, weather; 1, mechanical failure.

3 flights attacked other targets after failing to identify primary.

6 a/c flak battle-damaged, no casualties, losses. Bombing by 4's from 10,600 to 12,500 feet.

Box I - 1st 4. P.N.B. Unable to locate primary, flight attacked a highway bridge at Bad/Neuenahr, 2-1/8 mi. E of DMPI.(F-554158) Good pattern fell 143 feet W of selected A.P. Strikes on N and S river banks, with probable hits on road junction N of bridge Probable blast damage to span.

2nd 4. EXCELLENT. Good pattern 288 feet N of DMPI. Possible hits on RR tracks and highway. Possible damage to bridge.

3rd 4. A.P.N.B. Unable to pick up A.P., flight attacked an adjacent bridge as briefed. A good pattern fell 615 feet E of selected A.P., 1620 feet E of DMPI. Strikes across highway.

Box II - 1st 4. GROSS. Good pattern 2350 feet SE of DMPI. Probable hits on RR tracks. (Target obscured by smoke of previous attack.)

2nd 4. GOOD. Good pattern 690 feet W of DMPI. Strikes across RR tracks and highway. Probable hits on rail bridge at F-518153.

3rd 4. P.N.B. 2nd run on primary failed as flight was "too close". Bombardier continued on to attack another bridge on the Rhine, 9 miles NE of primary (Remagen RR Bridge). Bombs scattered over and short of selected A.P. - 41 feet E of A.P. Probable hits on bridge.

Box III - 1st 4. A.P.N.B. As clouds obscured bridge, flight attacked RR leading to it. Good pattern 3900 feet E of DMPI. Strikes across tracks, highway and adjacent buildings.

2nd 4. A.P.N.B. For the same reason as the 1st 4, Box III, this flight also attacked the rail line leading to target bridge. Good pattern 2100 feet SE of DMPI. Strikes across RR and highway.

3rd 4. NO ATTACK. Weather.

Ahrweiler R.R.Bridge		397 Gp.
A/C Lost to Flak	-	0
A/C Battle Damaged	-	6
% of A/C Battle Damaged	-	15.79%

Only weak inaccurate heavy flak was encountered in the target area. However, the formation flew within range of the defenses and encountered intense accurate flak that was probably fired at extreme range. Moderate flak was also encountered near Remagen.

Dokumentation links:
A/C = Aircraft = Flugzeug

strang, der Straße und in angrenzende Gebäude.

2. Schwarm
Zielpunkt nicht bombardiert. Aus demselben Grund wie beim 1. Schwarm/III. Staffel, griff auch dieser die zur Zielbrücke führende Eisenbahntrasse an. Gutes Wurfbild 640 Meter, südöstlich des bestimmten Einschlagpunktes. Einschläge quer über Schienenstrang und Straße.

3. Schwarm
Kein Angriff. Wetterprobleme.

Der Anhang des Einsatzberichtes enthält eine Analyse der deutschen Flak-Abwehr:

Flugzeugverluste durch Flak	= 0
Flugzeugbeschädigungen durch Angriffe	= 6
%-Satz der Gefechtsbeschädigungen	= 15,79

Nur schwaches, ungenaues, schweres Flakfeuer wurde im Zielgebiet angetroffen. Wie auch immer flog die Formation mit Abstand zu den Stellungen und bekam genaueres Flakfeuer, welches aus großer Entfernung gefeuert wurde. Geringes Flakfeuer bekam man bei Remagen.

Dazu ist zu bemerken, dass in keiner seriösen Quelle vom Einsatz der Fliegerabwehr aus dem Großraum Ahrweiler berichtet wird. Die Flak-Lagekarten im Bundesarchiv/Militärarchiv weisen lediglich Flakstellungen an der Remagener Eisenbahnbrücke nach.

Bei diesem Luftangriff kamen in Walporzheim vier Bürger ums Leben. Im Bereich der Bachemer Brücke und beim Bahnhof Walporzheim wurden 15 Häuser zerstört, 2 Häuser schwer und 50 leicht beschädigt. Die Reichsbahnanlage

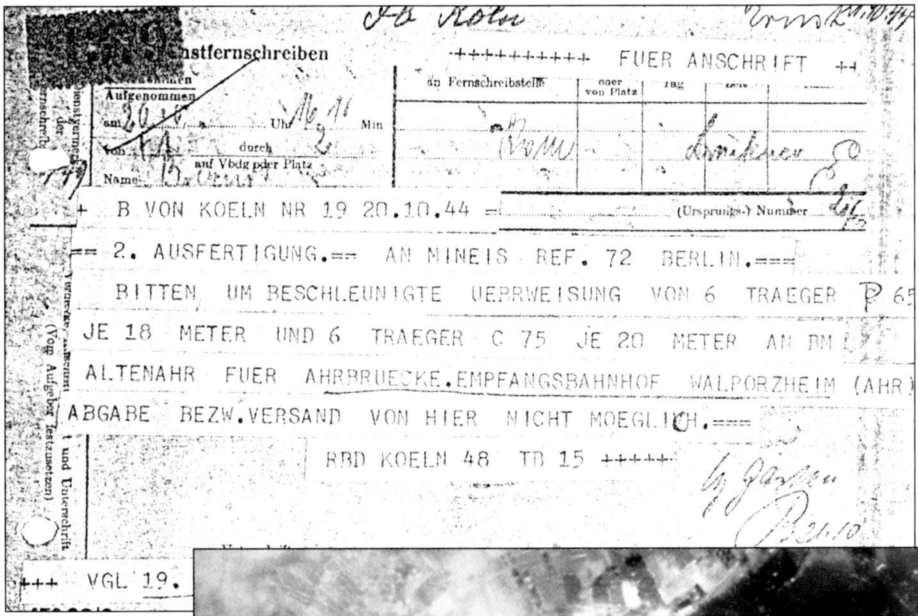
Dienstfernschreiben

+++++++++++ FUER ANSCHRIFT ++

+ B VON KOELN NR 19 20.10.44 =

== 2. AUSFERTIGUNG.== AN MINEIS REF. 72 BERLIN.===
BITTEN UM BESCHLEUNIGTE UEBRWEISUNG VON 6 TRAEGER P 65
JE 18 METER UND 6 TRAEGER C 75 JE 20 METER AN BM
ALTENAHR FUER AHRBRUECKE.EMPFANGSBAHNHOF WALPORZHEIM (AHR)
ABGABE BEZW.VERSAND VON HIER NICHT MOEGLICH.===
RBD KOELN 48 TB 15 +++++

+++ VGL 19.

Abbildung links:
Fernschreiben nach Berlin mit Anforderung für Stahlträger zur Reparatur der durch Bombentreffer am 12. Oktober 1944 zerstörten Eisenbahnbrücke.

Bild unten:
US-Luftfoto der Walporzheimer Eisenbahnbrücke (Mitte links) wenige Stunden nach dem Luftangriff am 12.10.1944. Bombentrichter auf Straßen und Schienen sowie Bunter Kuh. (I. Staffel, 2. Schwarm)

Zusammenstellung der Bombenangriffe auf Ziele bei Ahrweiler:

Zielort	Datum	Uhrzeit/Zeitrahmen	BG	Anzahl/Typen	Ziel/Zielkategorie/Treffermeldungen	Tonnage	Angriffshöhe in m	Wetter, Wolkenhöhe in m
Ahrweiler	08. 10. 44	ca. 10.20	394.	30 B-26	Eisenbahnbrücke (PT)	120x1000 GP	3600-4100	5-6/10 mittelhohe Bewölk.
Ahrweiler	12. 10. 44	09.50	397.	23 B-26	Eisenbahnbrücke (PT), Strassenbrücke i. Bad Neuenahr (Fehlwürfe)	92x1000 GP	3500-4100	Heiter? Dunst?
Ahrweiler	11. 11. 44	11.35	410.	32 A-20 2 B-26	Eisenbahnbrücke (PT)	183x500 GP 4x1000 GP	4000-4100	10/10 bis 3000, kleine Lücken
Ahrweiler	23. 12. 44	12.30	386., 391.	36 B-26	Eisenbahnbrücke (PT)	136x1000 GP	3800-4100	Wolkenlos, Ci, Felder ü. 6600
Ahrweiler	26. 12. 44	ca. 12.00	386.	12 B-26	Eisenbahnbrücke (PT) Walporzheim, Gelsdorf (TF)	24x1000 GP	3500-4000	Wolkenlos
Ahrweiler	27. 12. 44	11.34-15.06	344., 386.	46 B-26	Eisenbahnbrücke (PT), Eisenbahnbrücke b. Ahrweiler (OT)	182x1000 GP	3000-4000	Wolkenlos
Ahrweiler	05. 01. 45	13.25-13.28	323., 394.	47 B-26	Eisenbahnbrücke (PT)	8x500 GP 60x1000 GP 58x2000 GP	4000-4600	10/10 Sc bis 2300
Ahrweiler	14. 01. 45	11.58-14.00	387., 397.	59 B-26	Eisenbahnbrücken (PT, OT)	211x1000 GP	3500-4400	Wolkenlos, teilweise Talnebel
Ahrweiler	16. 01. 45	15.30-16.56	409.	3 A-26	Ort? (Fehlwurf?)	ca. 12x1000 GP	4100-4500	Wolkenlos
Ahrweiler	29. 01. 45	11.16-12.54	409.	6 A-20 30 A-26 2 B-26	Nachschub- u. Straßenknotenpunkt (PT)	210x500 GP	4000-4100	10/10 As, dünn, bis 1600
Ahrweiler	03. 02. 45	14.00-14.08	344., 397.	34 B-26	Eisenbahnbrücke (PT)	8x500 GP 62x2000 GP	4100-4300	6-10/10 Sc 1000-2600, 7-8/10 Ac 3100-4000
Ahrweiler	25. 02. 45	16.31	387.	26 B-26	Eisenbahnbrücke (PT) u. Umgebung (OT, Irrtum, TF)	4x500 GP 50x2000 GP	3600-4100	6/10 Sc bis 1600, 8/10 ab 5000
Ahrweiler	27. 02. 45	15.09-15.31	409., 397.	8 A-20 28 A-26 32 B-26	Eisenbahnbrücke (PT)	40x500 GP 232x1000 GP	4000-4100	10/10 Sc bis 2300

Abkürzungen:
PT = Primary Target - Erstziel
OT = Other Target - Ausweichziel
TF = Technical Failure = Technisches Versagen
GP = General Purpose - Bombenbezeichnung
BG = Bombardement Group - Bombergruppe
Quelle: Dr. Helmut Schnatz, Koblenz

Marienthal wurde zerbombt. Offenbar hatte auch mindestens eine Eisenbahnbrücke Treffer erhalten. Der im Bahnhof Walporzheim stationierte Bauzug und auch die Reichsbahndirektion Köln hatten zur Instandsetzung nicht mehr genug Doppel-T-Träger aus Stahl und mussten diese per Fernschreiben beim Ministerium in Berlin anfordern.

Die Eisenbahnstrecken, die Bahnanlagen und Eisenbahnbrücken konnten immer wieder von den Eisenbahnern und den Pionieren instandgesetzt werden, damit dann meist nachts Züge fahren konnten. Seitdem die Alliierten ihre Einsatzbasen auf dem europäischen Kontinent hatten, beherrschten deren Jagdbomber den Himmel über Westdeutschland total und viele Züge wurden ihr Opfer.

Der Marauder B-26-Bomber flog mit zwei Doppelsternmotoren von je 1920 PS maximal 454 km/h in 5000 Metern Höhe. Der Bomber beförderte 2,5 (US) Tonnen Bombenlast bei einer Reichweite von 1850 Kilometern. Die 6 bis 7-köpfige Besatzung hatte 11 schwere cal.50 (12,7 mm)-Maschinengewehre zur Abwehr feindlicher Jäger an Bord. Bei einer Spannweite von 23,5 Metern war das Flugzeug 19 Meter lang. Bei den Bombengewichten ist das anglo-amerikanische Maßsystem zu beachten: Die 1000 lb G(eneral) P (urpose) Sprengbombe wog 453 kg.

Ein Marauder-Bomber wirft 26 GP 100 Sprengbomben im Reihenwurf

Um die Heftigkeit und Schwere der Bombenangriffe zu dokumentieren, hier ein Auszug aus einem Aufsatz des Luftkrieghistorikers Dr. Helmut Schnatz aus Koblenz.

Unter dem Titel „Die vergessene Air Force" berichtet er über die Einätze der 9. amerikanischen Luftflotte im Mittelrhein- und Moselraum im Zweiten Weltkrieg:

Quelle: Jahrbuch für Westdeutsche Landesgeschichte, 2001 S. 484 und 484

Anders sah dies bei ihren Angriffen auf das Hinterland aus. Als die alliierte Führung Anfang Oktober erkannte, daß eine Kriegsentscheidung im Herbst und Winter 1944 nicht mehr erreichbar sein würde, gab sie am 7. Oktober alle Brücken im Rheinland zur Bombardierung frei.[41] Im hier darzustellenden Gebiet konzentrierte sich die 9. BD auf die Eisenbahnbrücken, die man – zu Recht – als das Rückgrat des Verkehrssystems ansah, auf das sich die Versorgung der deutschen Armeen essentiell stützte.

Ort	Ahrweiler	Sinzig	Mayen	Irlich	Bad Münster	Eller	Bullay	Konz	Pfalzel	Simmern
Erster Angriff	08.10.	28.10.	13.10.	03.11.	08.10.	29.10.	07.10.	29.10.	02.11.	02.01.
Letzter Angriff	27.02.	02.03.	28.02.	24.02.	02.01.	02.03.	04.03.	01.01.	24.12.	03.03.
9. AF	10	14	10	7	4	14	8	7	2	8
Abwurf/Stück	1474	1571	1747	608	573	837	640	1110	443	1359
8. AF	1	1		6	1	2	4			
1. TAF					4					

Tabelle 3: Angriffe auf ausgewählte Eisenbahnbrücken zwischen Ahr und Nahe

Insgesamt warf die 9. Bombardment Division auf die ausgewählten Eisenbahnbrücken 10362 Stück Sprengbomben, meist schwere Kaliber von 1000 und 2000 lb (453 und 906 Kg) ab. Wie die Tabelle zeigt, waren die Brücken ein Zielsystem, auf das die 9. AF sich spezialisiert hatte. Die 8. AF mit ihren schweren viermotorigen Bombern beteiligte sich bei ihren Angriffen nur zeitweilig als Verstärkung während der Ardennenoffensive oder betrachtete die Brücken als Ausweichziele bei Rückflügen aus dem Reich.

	Okt.	Nov.	Dez.	Jan.	Febr.	März	total
Ahrweiler	2	1	3	4	3		13
Sinzig	1	3	1	4	4	1	14
Mayen	2	2	2		7		13
Bullay	1	1		4		2	8
Eller	1		2	3	5	3	14
Konz	1	2	3	1			7
Pfalzel		1	1				2
Simmern				5		2	7
Bad Münster	1	1	1	1			4
Irlich		3			4		7
total	9	13	13	22	23	8	88

Tabelle 4: Zeitliche Verteilung der Angriffe auf die wichtigsten Brücken der Region 1944/45

Das sind insgesamt 88 Angriffe auf die wichtigsten Eisenbahnbrücken an Mittelrhein, Ahr, Nahe und Mosel. Der zeitliche Schwerpunkt liegt klar im Januar und Februar 1945. Zu berücksichtigen ist, daß die viergleisige Eisenbahnbrücke bei Bad Münster a. St. auch im Februar und März 1945 immer wieder massiv angegriffen wurde, zwar nicht von der 9. BD, sondern von den Marauders der 1. Tactical Air Force (Provisional), die unter der taktischen Kontrolle der 9. AF stand.[42]

Neue Vergeltungsschläge gegen London

AUCH „V2" EINGESETZT

Auslandsdienst der Nordschleswigschen Zeitung

DaD **Berlin**, 8. November

Die Mitteilung des Wehrmachtsberichtes über den Einsatz der V 2 hat allgemein Aufsehen erregt. Zwar waren Einzelmeldungen aus London sowie aus anderen europäischen Plätzen über geheimnisvolle Explosionen während der letzten Wochen bekanntgeworden, doch fehlte es bisher an jedem konkreten Hinweis, daß Deutschland ein neues Sprengmittel nach Art einer verstärkten V 1 zum Einsatz gebracht habe. Wie man in Berlin erfährt, wird das neue Sprengmittel V 2 abwechselnd und auch gleichzeitig mit V 1 zum Einsatz gebracht. Das geschieht bereits seit mehreren Wochen. Die britische Führung hat sich mit allen Mitteln bemüht, den Einsatz dieses neuen Sprengmittels auch ihrerseits zu verschweigen.

Den inzwischen in Berlin vorliegenden Berichten über die Wirkungen der V 2, so wird von unterrichteter Seite versichert, sei zu entnehmen, daß sie außerordentlich groß gewesen seien. Wenn man sich in Berlin auch begreiflicherweise über die technischen Einzelheiten der V 2 ausschweigt, wird doch bekanntgegeben, daß sie sich von der V 1 insofern grundlegend unterscheidet, als das Herannahen des Geschosses weder optisch noch akustisch wahrgenommen werden könne. Vor ihrer Detonation gebe es keine Möglichkeit, das Herannahen des neuen Sprengkörpers zu ermitteln, so daß die Explosion jeweils eine völlige Überraschung darstelle. Die Explosionswirkung selbst sei außerordentlich im Vergleich zu allen anderen bisher zum Einsatz gekommenen bekannten Kampfmitteln. Sie rufe einen enormen Luftdruck hervor.

Die englische Nachrichtensperre sei außerordentlich verschärft worden. Man habe in London ganze Stadtviertel abgesperrt, um allen Indiskretionen über Einzelheiten der Wirkung der neuen Waffe vorzubeugen. Der Bereich der Bahnstation Epson sei gesperrt worden und allen Augenzeugen sei stricktes Stillschweigen auferlegt worden. Bedeutsame Eisenbahnbrücken in London seien total zerstört worden.

Eine wichtige Nebenwirkung des Geschosses bestehe darin, daß die Durchführung eines weiteren Planes der Evakuierung Londons, wie er als Folge von V 1 beschossen worden war, infolge der neuen Zerstörungen aufgegeben werden mußte, da die technische Durchführung nicht mehr möglich gewesen sei. Die deutsche Presse charakterisiert V 2 als Vervollkommnung der deutschen Vergeltungsschläge gegen den britisch-amerikanischen Bombenterror.

Quelle: Nordschleswigsche Zeitung vom 8.11.1944

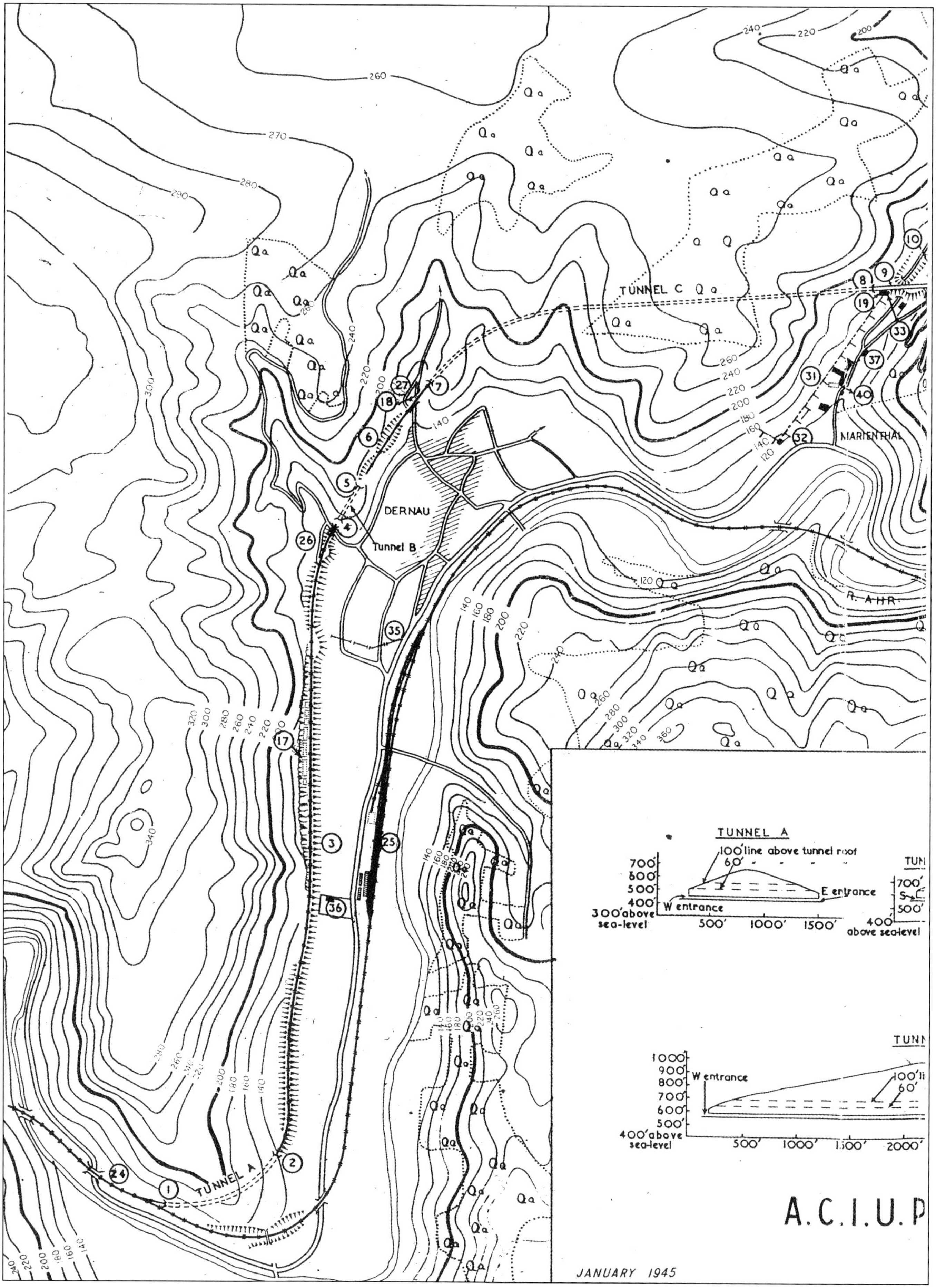
TUNNEL C
DERNAU
Tunnel B
MARIENTHAL
R. AHR
TUNNEL A
TUNNEL A
100' line above tunnel roof
60'
W entrance
E entrance
300' above sea-level
400' above sea-level
W entrance
A.C.I.U.P
JANUARY 1945

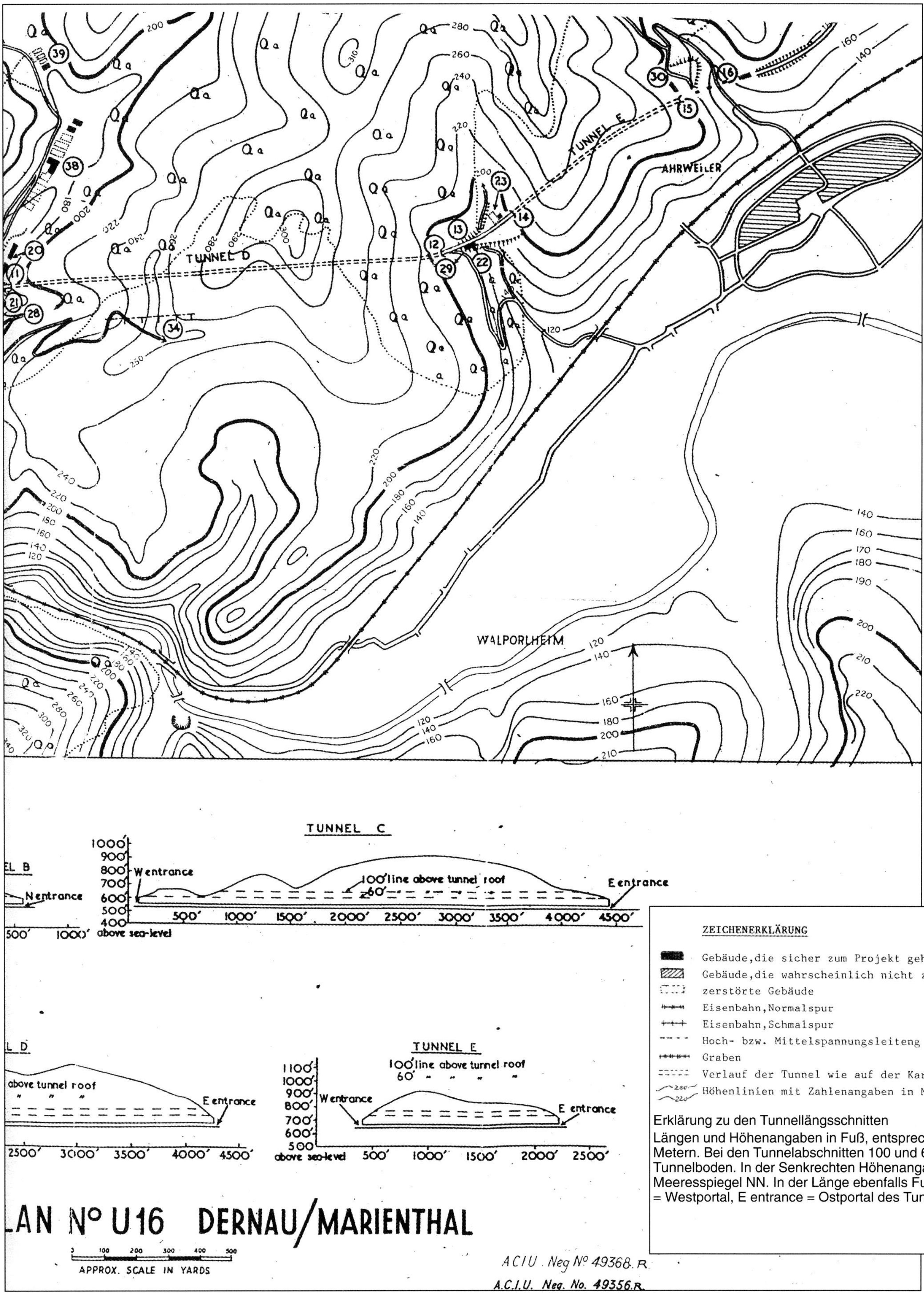

ZEICHENERKLÄRUNG

- Gebäude,die sicher zum Projekt gehören
- Gebäude,die wahrscheinlich nicht zum Projekt gehöre
- zerstörte Gebäude
- Eisenbahn,Normalspur
- Eisenbahn,Schmalspur
- Hoch- bzw. Mittelspannungsleiteng
- Graben
- Verlauf der Tunnel wie auf der Karte 4414 dargestel
- Höhenlinien mit Zahlenangaben in Metern über NN

Erklärung zu den Tunnellängsschnitten
Längen und Höhenangaben in Fuß, entsprechend 0,3048 Metern. Bei den Tunnelabschnitten 100 und 60-Fußlinie über Tunnelboden. In der Senkrechten Höhenangabe in Fuß über Meeresspiegel NN. In der Länge ebenfalls Fußmaß. W entrance = Westportal, E entrance = Ostportal des Tunnels.

Was wussten die Alliierten von Rebstock?

Der britischen Luftaufklärung gelang im Sommer 1943 der Einblick in die Vorgänge bei Peenemünde. Agentenberichte und Kriegsgefangenenaussagen ließen darüber hinaus den Schluss zu, dass das Deutsche Reich intensiv Raketen/Flugkörper mit für damalige Verhältnisse großen Reichweiten entwickelte.

Ab Herbst 1943 beobachtete man im besetzten Frankreich und Belgien rege Bautätigkeiten, die britische Spezialisten als stationäre Abschussanlagen für die in Peenemünde aufgeklärten Flugkörper (flying bombs) interpretierten.

Nach dem Luftangriff auf Peenemünde Mitte August 1943 wurden auch konsequent die Baumaßnahmen entlang der französischen Küste bekämpft. Für die in Nordwestfrankreich aufgeklärten Großbunker entwickelten die Briten spezielle Bomben und konnten in der Folge diese Anlagen so zerstören, dass sie nie in Betrieb gingen.

Parallel dazu wurden die Aufklärungsaktivitäten auch gegen Produktionsanlagen im Deutschen Reich verstärkt. Weil der Bombenkrieg Teile der Übertagefabriken ausschaltete, richteten die Alliierten ihre Aufmerksamkeit nun auch auf Untertageanlagen (underground activities).

Vom Lager Rebstock wussten die Engländer ab Sommer 1944 durch Gefangenenaussagen. Aufklärungsflüge und vermutlich Berichte von dort eingesetzten Zwangsarbeitern rundeten das Bild ab, so dass am 24.01.1945 ein 10-seitiger Aufklärungsbericht über Lager Rebstock fertig gestellt werden konnte.

Es wurde angenommen, dass dort Raketen (V2) und Flugkörper (V1) produziert würden. Obwohl diese Vermutung nicht zutraf, stellt der Bericht eine umfassende Beschreibung vom Lager Rebstock dar. Die alliierten Maßnahmen gegen V1- und V2-Waffen wurden unter der Bezeichnung „CROSSBOW“ durchgeführt. Im Folgenden ist die Seite 1 im Original und die deutsche Übersetzung des gesamten Berichtes wiedergegeben.[10]

SECRET
24.1.45

INTERPRETATION REPORT NO. U. 16

C R O S S B O W

Underground Activity at

DERNAU/MARIENTHAL GERMANY

G.S.G.S. 4414 Sheet 5408 Scale 1/25,000
G.S.G.S. 4416 Sheet S.1 Scale 1/100,000
500134,522160,542166

I (1) Situation

Ground information reports an underground factory in a group of road tunnels to the North of the AHR Valley between AHRWEILER and DERNAU, 50° 31' 16" N. 7° 01' 56" E. - 50° 32' 28" N. 7° 03' 44" E. - 50° 32' 46" N. 7° 05' 25" E. The factory is reported to be engaged in the manufacture of rockets and possibly of flying bombs.

(2) Cover

(a)

Sortie	Photos	Date	Scale
C/432	2043-4	2.10.42	1/45,000
B/844	4143-52	23.12.43	1/9,000
US7/1367	4100-1	9.5.44	1/17,400
US33/537	2045-50	12.9.44	1/11,200
US107/1671	5001-5	6.11.44	1/7,200
US7/3804	3022-30	14.1.45	1/12,200.

(b) US7/3804 is the only sortie covering the whole project on a usable scale. It was flown after a recent snowfall which obscures some detail.

(3) (a) Ground information

The tunnel area has been the subject of a P.W. report referring to the period January - July, 1944. It is stated that the factory proper is located in Tunnels C and D, the laboratories, offices and workshops for spare parts being in Tunnel D. Tunnel A was used principally for railway loading and unloading, Tunnel B contained a deposit of spare parts. Tunnel E was a depot for vehicles connected directly or indirectly with the rocket projectile. Labour was said to consist largely of soldiers on assigned duty who were billeted in huts in the valley between Tunnels C and D. In addition there were civilian workers, including women, most of whom were lodged in neighbouring villages and town.

(4) Abstract - Letters and figures refer to accompanying Plan and 5 Sections.

(a) General

The five road tunnels (A,B,C,D, and E, on plan) are seen to have been exploited for a new purpose. The following features combine to suggest that they House a factory rather than a storage depot:

(i) The development of a branch standard guage line to Tunnel A, which is being extended.

(ii) The presence of a labour camp with a probable capacity of 1600 men in the valley between Tunnels C & D (38). Further accommodation is under construction in a lateral valley (39).

(iii) An accumulation of stores between tunnels C & D, which has since disappeared, and the erection of two large sheds in the same area.

Erste Seite des 10-seitigen Aufklärungserichtes vom 24.01. 1945 über Lager Rebstock

[10] Public Record Office (PRO), Kew Richmond, Surrey, AIR 20/5857

24.01.45

Aufklärungsbericht Nr. U.16

„Crossbow“

Unterirdische Tätigkeiten bei
Dernau/Marienthal, Deutschland
G.S.G.S. 4414 Blatt 5408 Maßstab 1:25000
G.S.G.S. 4416 Blatt S. 1 Maßstab 1:100000
500134, 522160, 542166*)

Teil 1

1) Lage
Bodenberichte über eine unterirdische Fabrik in einer Reihe von Tunneln nördlich des Ahrtals zwischen Ahrweiler und Dernau. Berichten zufolge werden in der Fabrik Raketen und möglicherweise Flugraketenkörper hergestellt.

2) Luftaufklärung

Flug	Fotos	Datum	Maßstab
C/432	2043-3	02.10.42	1/45.000
E/844	4143-52	23.12.43	1/9.000
US7/1367	4100-1	09.05.44	1/17.400
US33/537	2045-50	12.09.44	1/11.200
US107/1671	5001-5	06.11.44	1/7200
US7/3804	3022-30	14.01.45	1/12.200

Der letzte Flug, US7/3804, ausgeführt am 14.01.45, ist der einzige Flug, der das ganze Projekt mit einem nützlichen Maßstab abgedeckt hat. Er fand statt, kurz nachdem es geschneit hatte, deswegen sind einige Einzelheiten nicht zu sehen.

3) Bodeninformationen
Über das Tunnelareal ist bereits in einer Kriegsgefangenenaussage, die sich auf Jan. – Jul. 44 bezieht, berichtet worden. Demgemäß ist die eigentliche Fabrik in den Tunneln C und D untergebracht, und die Laboranlagen, Büros und Werkstätten für Ersatzteile in Tunnel D. Tunnel A wurde hauptsächlich für Ver- und Entladen von Eisenbahnen genutzt, Tunnel B enthielt ein Arsenal von Ersatzteilen. Tunnel E war ein Lager für Fahrzeuge, die direkt oder indirekt mit den Raketengeschossen zu tun hatten. Die Arbeitskraft wurde hauptsächlich von dort eingesetzten Soldaten gestellt, die in Baracken im Tal zwischen den Tunneln C und D untergebracht waren. Außerdem gab es zivile Arbeitskräfte, einschließlich Frauen, die zum Großteil in den Nachbarortschaften wohnten.

4) Beschreibungen und Zahlen beziehen sich auf beiliegenden Plan und 5 Schnitte
a) Allgemein
Die 5 Tunnel werden jetzt offensichtlich für einen neuen Zweck benutzt. Die folgenden Punkte legen nahe, dass sie eine Fabrik und nicht nur ein Lager beherbergen:
(1) Der Bau eines Stücks Eisenbahnlinie mit normaler Spurweite Richtung Tunnel A, die noch ausgebaut wird.
(2) Die Existenz einer Arbeiterunterkunft mit einer wahrscheinlichen Kapazität von 1600 Mann im Tal zwischen Tunnel C und D (38). Eine Erweiterung wird in einem Nebental angelegt (39). **(Karte 1)**
(3) Eine Ansammlung von Lagereinrichtungen zwischen Tunnel C und D, die seitdem verschwunden sind, und die Errichtung zweier großer Schuppen in derselben Gegend.
(4) Die Existenz eines Elektroanschlusses, der von einem Transformator im Dorf gespeist wird, am Eingang zu Tunnel C, und die Errichtung einer neuen überirdischen Verbindung in der Nähe von Tunnel D.
(5) Die Errichtung von Gebäuden, die aussehen, als könnten sie Belüftungsgeräte beherbergen, am Osteingang von C und Westeingang von D. Dieses Erscheinungsbild scheint die Vermutungen bzgl. Tunnel A, C und D zu bestätigen.

*) G.S.G.S. = Geographical Section General Staff (Geographische Abteilung des General-Stabes)

b) Überhang
Die Tunnel sind in kiesiges Felsgestein gehauen. Dieses Gestein kann ohne Abstützung in steile Wände geschlagen werden, aber braucht eine Mauerwerkschutzschicht um Durchsickern und druckbedingte Verformungen zu verhindern. Einiges deutet auf die Existenz einer solchen Schutzschicht hin. Die Steilhänge der Hügel, die die Tunnel beherbergen, bieten guten Schutz bis zu einigen Metern vor den Tunneleingängen. Der Überhang an allen Tunneleingängen ist beträchtlich, lediglich eine Bodenabsenkung von 180 m am Westeingang von Tunnel C reduziert den Überhang dort auf 21 m und bildet somit die einzige Schwachstelle in unmittelbarer Nähe eines Tunneleingangs.

c) Bodenfläche
Da es relativ schwer ist, die Felsen zu behauen und es keinen Hinweis auf weitere Tunnelarbeiten gibt, schätzen wir die Bodenfläche wie folgt:

Tunnel A –3345 m²
Tunnel B – 1255 m²
Tunnel C – 12124 m²
Tunnel D – 11288 m²
Tunnel E - 5435 m²
Gesamtfläche 33447 m²

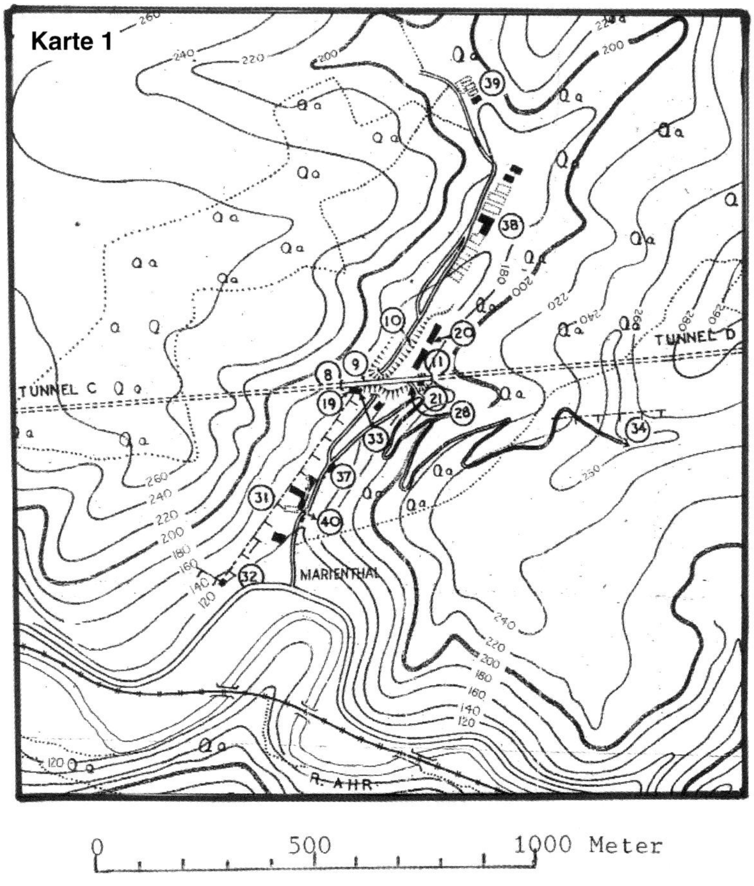

d) Transportanbindung
Die Aktivitäten am Dernauer Güterbahnhof und einem Eisenbahnlager in der Nähe deuten auf eine Verbindung mit dem Tunnelprojekt hin. Abgesehen von ein paar Hilfsschienen am Bahnhof haben wir keine verdächtigen Schmalspurschienen entdecken können. Es sieht so aus, als würde der Schienenabschnitt zwischen B und C erweitert werden. Die restlichen Tunnel sind an Nebenstraßen der Haupt-Ahrtal-Straße angebunden.

e) Weitere Aktivitäen
Vom 23.12.43 – 14.01.45 sind an den Bahndämmen C-D und D-E einige Schuppen und kleine Gebäude errichtet und wieder entfernt worden. Wasseranschlussarbeiten wurden nicht entdeckt, aber 2 Gräben von 122 m Länge sind im Sep.-Nov. 44 in den südlichen Ausläufern von Dernau angelegt worden. Seitdem ist daran nicht weitergearbeitet worden. Die Arbeiterunterkunft ist bei Bombenangriffen vom 06.11.44-14.01.45 fast vollständig zerstört worden. Reparaturarbeiten sind nicht zu erkennen, aber es scheint vor Ort reichlich Unterkunftsmöglichkeiten, einschließlich einer Klosteranlage, zu geben.

Teil II: Geologie

(1) Bzgl. der Gesteinsschichten, in die diese Tunnel gehauen sind, liegen uns keine ausführlichen geologischen Informationen vor. Es ist allerdings bekannt, dass dieser Teil des Ahrtals aus Felsformationen besteht, die zu mäßigen bis steilen Winkeln geneigt sind und sowohl stark komprimiert als auch mehrschichtig gefaltet sind. Kristallisierten Kalkstein und Schiefer gibt es vor Ort, aber das Hauptgestein in dieser Gegend ist „Grauwacke“. Diese Bezeichnung wird für Gestein verwendet, das fein oder grob beschaffen sein kann, aber in jedem Fall kiesig ist und aus einer Vielzahl von Mineralkomponenten besteht mit einem bestimmten Anteil von Felsstückchen. Sie alle sind unter starkem Druck zusammenzementiert worden. Uns liegen einige fotografische Aufzeichnungen von Tunnelarbeiten weiter flußaufwärts des Ahrtals vor, und sie zeigen, dass die „Grauwacke“ dort aus gut zusammengefügten, massiven Felsstücken besteht, die zu ziemlich steilen Winkeln abfallen, und es ist wahrscheinlich, dass selbiges auch auf das Areal, in dem die Tunnel liegen, zutrifft. Die anderen o.g. Gesteinstypen mögen in einigen Abschnitten der Tunnelanlagen vorkommen, aber sie werden wohl auch keine günstigeren Voraussetzungen für Ausschachtungen bieten als die „Grauwacke“. Insofern könnten weitere Aushöhlungen der bestehenden Tunnel nur sehr langsam vorangehen und wären im Falle einer Notfallauflösung der Anlage nicht praktikabel.

(2) Kristallisierter Kalkstein und „Grauwacke“ können zwar ohne Befestigung als Steilwände stehen, aber längere Straßentunnel benötigen mit Sicherheit eine Ausmauerung bzw. Betonierung, um zu verhindern, dass von innen Grundwasser austritt oder der Erddruck zu Verformungen führt. Wir wissen nicht, ob die Straßenbauarbeiten schon so weit fortgeschritten waren, aber dem Stand der Fertigstellung der Zufahrtstrassen und Brücken nach zu urteilen, scheint dies wahrscheinlich.

(3) Der Überhang variiert zwischen Null und 60 m, 23 m, 110 m, 130 m und 70 m über den Tunneln A – E. Auf den Schichtbildern ist zu sehen, dass die natürlichen Hangsteigungen so steil sind, dass in den drei längeren Tunneln die Dicke des Überhangs mit zunehmender Entfernung von den Tunneleingängen sehr schnell zunimmt, und der Abschnitt, in dem er weniger als 30 m dick ist, beschränkt sich auf 14 – 18 m. Eine einzige Ausnahme besteht im Tunnel C, wo ein Oberflächenabfall von 190 m am Westeingang den Überhang an diesem Punkt auf 21 m reduziert. Bei Gestein dieser Art gilt es als ziemlich sicher, dass die Wirkung von Bombeneinschlägen wesentlich geringer sein wird als in Kreide oder Kalkstein wie es ihn z.B. im OISE-Tal gibt. Abgesehen von dem o.g. Abschnitt in Tunnel C kann man diese Tunnel also als unzerstörbar bis auf wenige Meter um den Tunneleingang herum ansehen. **(Karte 2)**

Karte 2

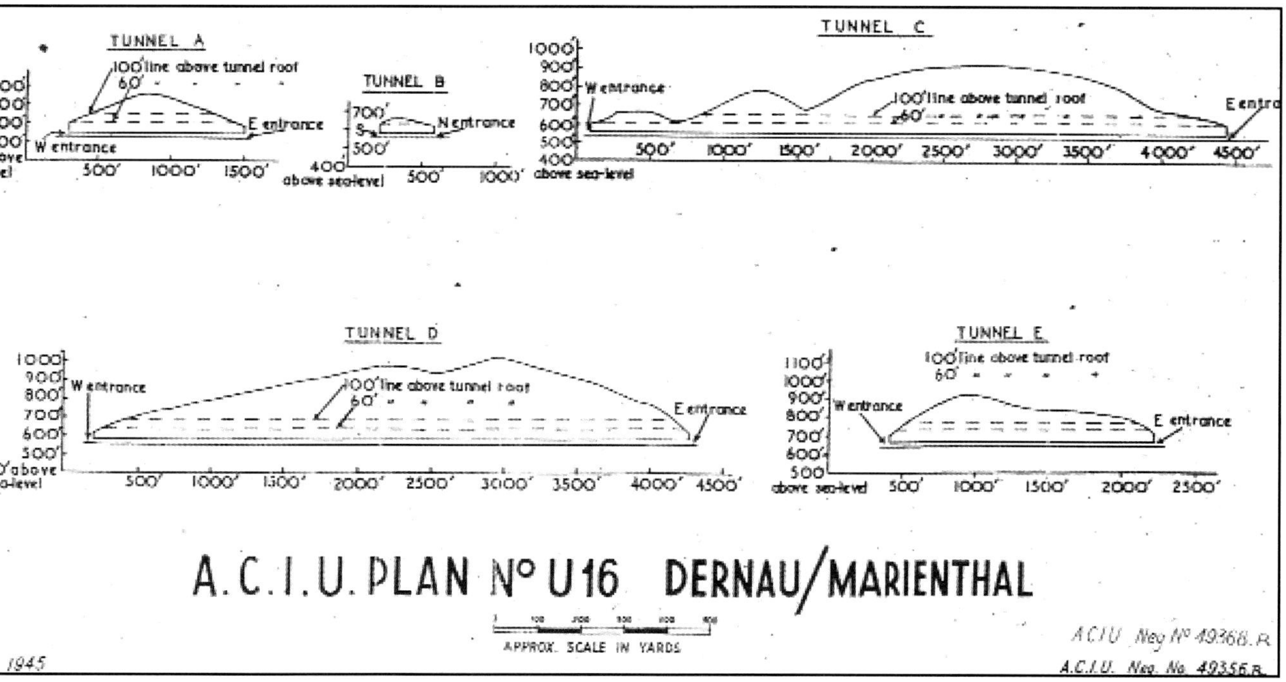

Teil III: Ausdehnung

1. (a) Die 5 in diesem Bericht beschriebenen Tunnel sind in die Berge gehauen worden, die nördlich und westlich der großen AHR-Krümmung zwischen AHRWEILER und MAYSCHOSS liegen. Sie liegen entlang einer nur zum Teil angefertigten neuen Bahntrasse (6,5 Km lang) von RHEINBACH nach MAYSCHOSS, an der wahrscheinlich die letzten 12 Monate lang nicht mehr gearbeitet worden ist.

   (b) Die Tunnel von West nach Ost haben folgende ungefähre Länge

   Tunnel A – 366 m
   Tunnel B – 137 m
   Tunnel C – 1326 m
   Tunnel D – 1235 m
   Tunnel E – 595 m

   Ein Bodenfoto des Westportals von Tunnel A lässt die Portalbreite bei 9,15 m und die Höhe bei 6,10 m erscheinen. Diese Maße vorausgesetzt stehen folgende Arbeitsflächen zur Verfügung:

   Tunnel A – 3345 m2
   Tunnel B – 1255 m2
   Tunnel C – 12124 m2
   Tunnel D – 11288 m2
   Tunnel E – 5435 m2

(c) Die Tunnel sind verbunden durch eine Reihe von Bahndämmen und Geländeeinschnitten mit folgenden Längen:

Tunnel A-B 1792 m (Verbindung A-B)
Tunnel B-C 334 m (Verbindung B-C)
Tunnel C-D 192 m (Verbindung C-D)
Tunnel D-E 182 m (Verbindung D-E)

2. Tunnel A (366 m)
   (a) Der Tunnel schneidet die Spitze eines Hügelvorläufers, der in einer Krümmung der AHR gegenüber der Ortschaft RECH liegt. **(Karte 3)**

   (b) Der Westeingang (1) liegt in einer Ausschachtung, die 40 m lang ist und oben 18 m Breite misst.

   (c) Der Osteingang (2) misst entsprechend 20 m Länge und 23 m Breite. Der Steinwerkschutz ist auf Fotos deutlich zu sehen. **(Karte 4)**

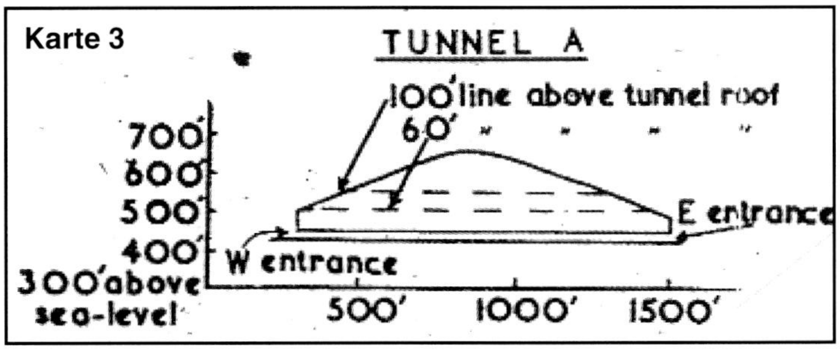

Karte 3

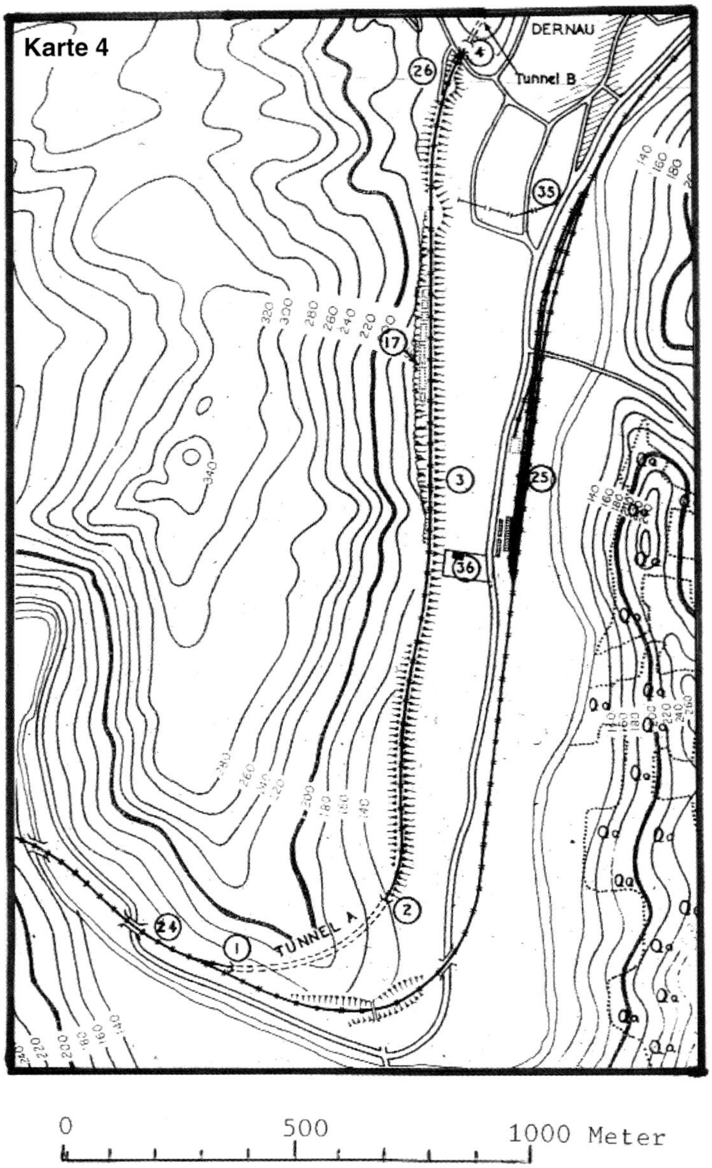

Karte 4

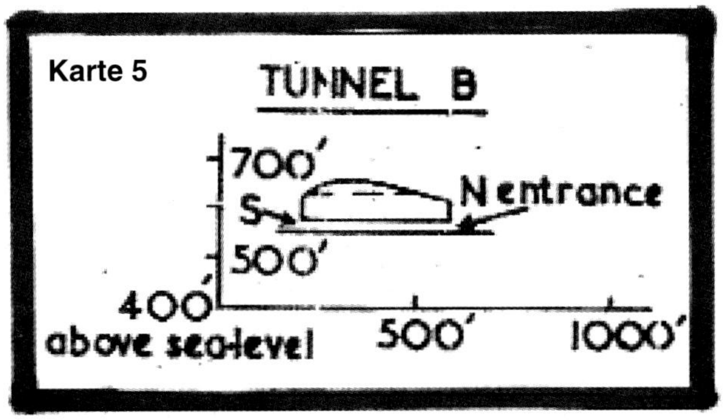

Karte 5

3. Verbindung A-B (1792 m)
   Nördlich von Tunnel A verläuft ein 18 m breiter Bahndamm (3) eng am Westufer der AHR entlang. Über eine schiefe Brücke (Spannweite 24 m) gelangt er zum Südeingang von B. **(Karte 4)**

4. Tunnel B (137 m)
   (a) Der Südeingang zu Tunnel B (4) ist in einer Öffnung, die 18 x 18 m misst. Auf den Fotos ist deutlich die Steinverkleidung mit zwei Türmchen zu erkennen. **(Karten 5 u. 6)**
   (b) Der Nordeingang von Tunnel B (5) ist mit einer gemauerten Hangabstützung verbunden. Ein etwas schräges Foto lässt deutlich auch hier eine Steinverkleidung um das Portal erkennen, auf das zwei Türme gesetzt sind.

5. Verbindung B-C (334 m)
   Das Steinplateau, zu dem sich Tunnel B öffnet, ist 107 m lang und 9,2 m breit und fällt nach Osten sanft ab. Daran angeschlossen ist ein 100 m langer und 9,2 m breiter Damm (6), von dessen Nordende ein 95 m langes Viadukt ein Quertal überspannt und dann an ein Plateau vor Tunnel C anschließt. Der mittlere Abschnitt des Viadukts stützt sich auf eine Geröllschicht in der Mündung des Quertales. **(Karte 6)**

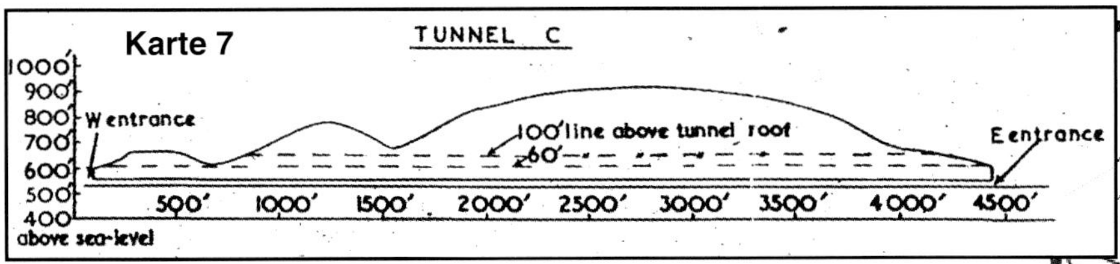

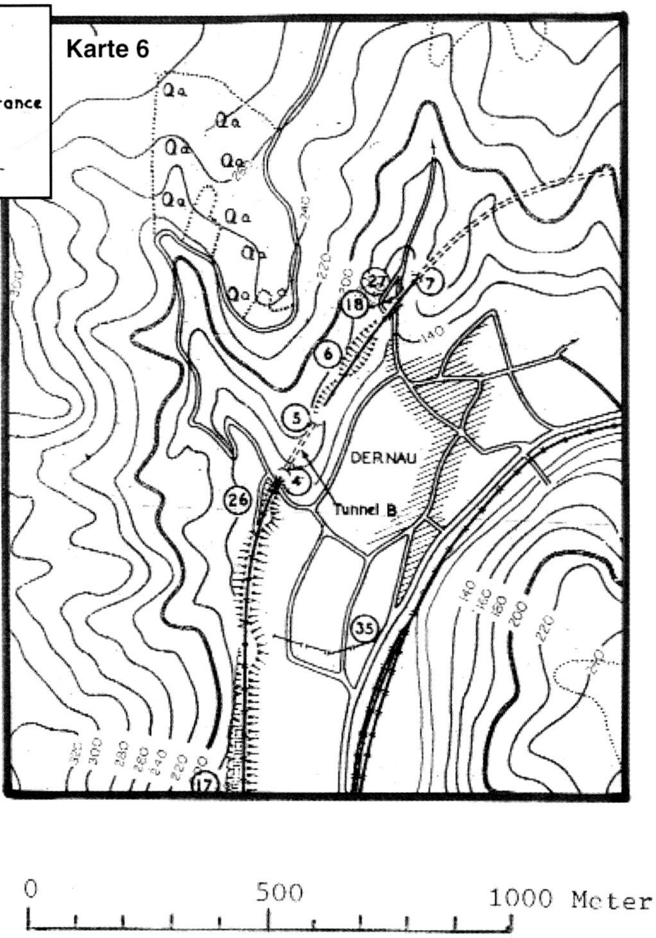

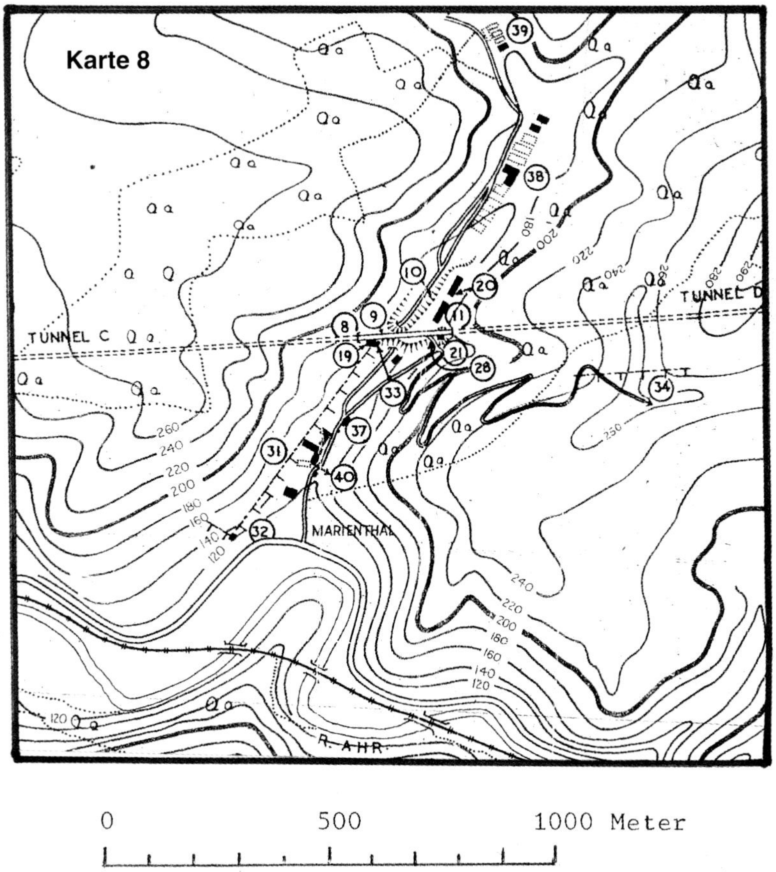

6. Tunnel C (1326 m)
   (a) Der Westeingang von Tunnel C (7) führt nach außen auf ein dreieckiges Plateau, das in einen Steinbruch gehauen ist. Der 30 m lange Zugang zum Tunnel durchquert schräg diesen Steinbruch. Nordwestlich ist er offen und südwestlich durch eine Felsenwand abgetrennt, die wahrscheinlich auch eine Steinvermauerung aufweist. Über dem Eingang befindet sich ebenfalls eine Steinschicht mit zwei Türmchen. **(Karte 7)**
   (b) Das Ostportal von Tunnel C (8) führt zur Westwand von MARIENTHAL, einem engen Waldtal, das südlich zum AHRTAL verläuft. Der Zugang zum Portal führt durch einen 53 m langen Einschnitt, der oben 30 x 40 m misst. Dieser ist nicht mit Stein verkleidet und auf beiden Seiten mit Büschen bewachsen. Die Betonverkleidung des Tunnels erstreckt sich ungefähr 9 m außerhalb des eigentlichen Tunneleingangs und bildet somit eine Art Vorbau. In Gegenden, wo Steingeröll und Lawinen häufig auftreten, ist dies eine übliche Bauweise. Da uns keine detaillierten geologischen Informationen vorliegen, ist es unmöglich zu sagen, ob die Beschaffenheit des Fels dies in unserem Fall zwingend nötig macht, aber wahrscheinlich ist schon der steilere Abhang an dieser Stelle, verglichen mit den Nachbartälern, Grund genug. **(Karte 7)**

7. Verbindung C-D (192 m)
   Zwischen Tunneln C und D besteht ein breiter Damm (9), der das MARIENTHAL kreuzt und auf dem eine 6 m breite Straße gebaut ist. Von seinem östlichen Ende (10) aus erstreckt sich ein 200 m langes Plateau mit einer Höchstbreite von 50 m nördlich entlang des Osthang des Tales. Dies bildet die einzige ziemlich große zusammenhängende ebenerdige Fläche im Areal. Die Talstraße führt durch den Damm in einem 50 m langen Tunnel. **(Karte 8)**

8. Tunnel D (1235 m)
   (a) Der Westeingang von Tunnel D (11) befindet

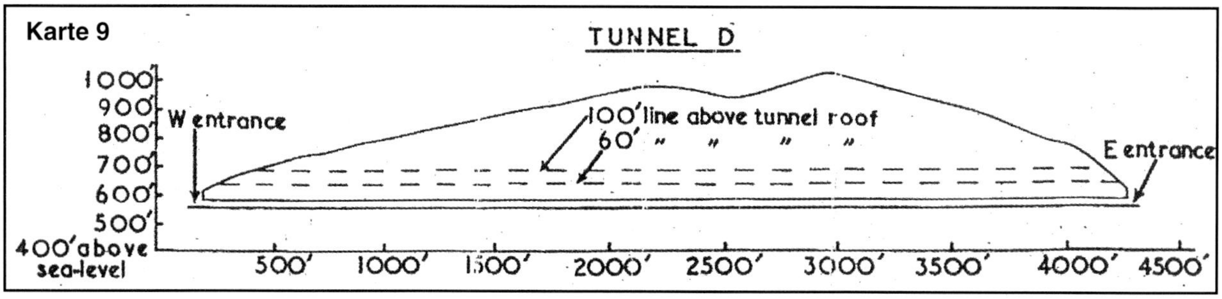

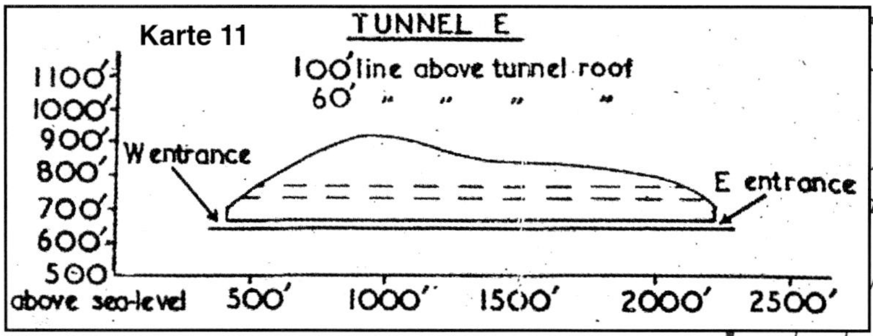

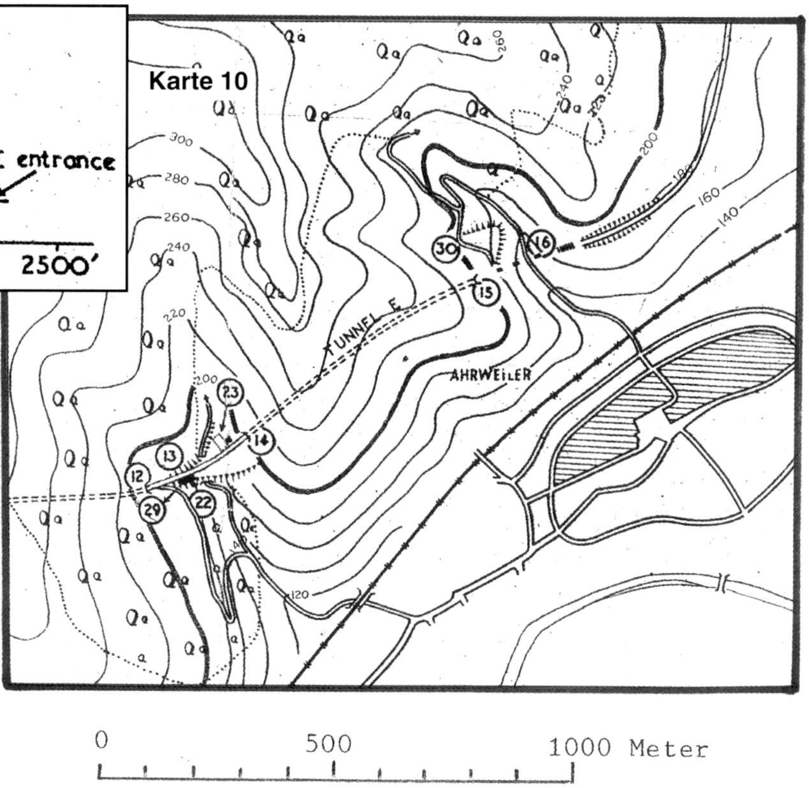

sich in einer Ausschachtung, die wegen Baumbestand nicht genau vermessen werden kann.
Der Zugang scheint aber etwas kürzer als der am Ostportal von Tunnel C zu sein. Auch hier kann man sehen, dass sich die Betonverschalung des Tunnels 7,5-9 m vom eigentlichen Eingang nach draußen erstreckt. Am 23.12.43 befand sich dieser Vorbau noch im Bau, und man kann eine 90 m lange Leitung erkennen, die von einer Gruppe Betonmischer zu einer Holzverschalung oberhalb des Portal führt.

(b) Das Ostportal von Tunnel D (12) führt auswärts in eine 10,5 m lange und 7,5 m breite Schneise. Die Betonverschalung des Tunnels scheint sich ca. 4,5 m weit herauszustrecken, aber dies ist wegen eines Schattens auf den Fotos nicht sehr deutlich zu erkennen. **(Karte 10)**

9. Verbindung D-E (182 m)
Tunnel D und E werden durch einen Damm (13) mit einer 5,5 m breiten Straße miteinander verbunden, der über ein kleines, ausgetrocknetes Tal führt, das südöstlich zum AHRTAL verläuft. 75 m vom Tunneleingang entfernt weitet sich dieser Damm in ein dreieckiges Plateau, das an seiner breitesten Stelle 100 m misst. Ein 27,5 m langer Tunnel lässt die Ahrstraße quer durch den Damm laufen.

10. Tunnel E (595 m) **(Karte 11)**
(a) Der Westeingang (14)befindet sich in einer 18 m langen Ausschachtung, die oben 30 m breit ist. Über dem Portal befindet sich eine Steinverkleidung mit 2 Türmchen. Hier guckt die Betonverschalung des Tunnels nicht aus dem Eingang hervor, vermutlich, weil der Berghang kürzer und weniger steil ist als auf den anderen Abschnitten des Tals.
(b) Der Osteingang (15) ist in einer 30 m langen und 12 m breiten Ausschachtung. Über dem Portal befindet sich eine Steinverschalung.
(c) Die noch nicht fertiggestellte Trasse aus RHEINBACH endet an dem Berghang gegenüber von Tunnel E, und Brückenpfeiler für ein geplantes Viadukt (16) durchqueren das Tal parallel zum Eingangsverlauf.

11. Gebäude
(a) Im Zusammenhang mit dem Tunnelprojekt sind nur sehr wenige Gebäude auf lange Sicht fertiggestellt worden, aber eine gewisse Anzahl temporärer Bauwerke sind zwischen früheren und aktuellen Aufklärungsflügen errichtet worden.

(b) Verbindung A-B
Am 14.01.45 lassen sich die Überreste einiger abgerissener Gebäude (17) unter der Schneedecke erkennen auf dem Damm zwischen Tunnel A und B. Diese befanden sich am 23.12.43 nicht dort, aber am 12.09.44 waren dort sieben rechteckige Gebäude, vermutlich Baracken zu sehen. Diese waren 10 m breit und variierten in ihrer Länge von 18 m bis 45 m. Wahrscheinlich hatte man am 06.11.44 schon mit ihrem Abriss begonnen, aber genau ist das auf den Fotos nicht zu erkennen. Wahrscheinlich hatte man diese Hütten für den Eisenbahnbau auf dem Damm errichtet, um sie wieder abzureißen, als sie nicht länger benötigt wurden. **(Karte 12)**

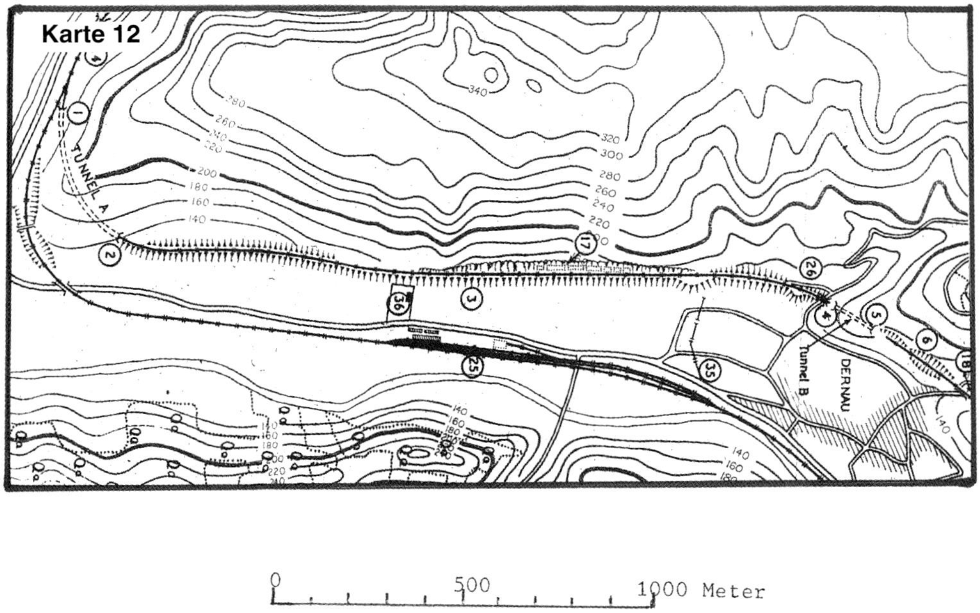

(c) Bahnhof DERNAU
Es ist möglich, dass ein 30 x 9 m großer Schuppen, der einmal auf der anderen Straßenseite gegenüber dem Bahnhof stand, mit dem Tunnelprojekt in Verbindung gebracht werden kann. Am 23.12.43 stand er schon da, aber es lohnt sich zu erwähnen, dass er zwischen dem 06.11.44 und dem 14.01.45 abgerissen worden ist, zu ungefähr derselben Zeit wie die o.g. Baracken.

(d) Verbindung B-C
Möglicherweise steht ein kleines Flachdachgebäude (5 x 35 m) (18), das auf der in III.5 erwähnten Geröllschicht steht, mit dem Tunnelprojekt in Verbindung. Am 23.12.43 stand es schon da.

(e) Tunnel C
Im Eingangsabschnitt zum Ostportal von Tunnel C steht südlich von der Straße ein 16,5 x 10,5 m großes Gebäude (19). Die Ostseite des Flachdaches ist etwas höher als die Westseite, und zwischen den beiden Höhenabschnitten befindet sich ein schmaler Anbau. Auf dem niedrigeren Teil des Daches befindet sich eine lange Stange. Sie ist eigentlich zu dick für eine elektrische Leitung, und außerdem kann man direkt östlich von dem Gebäude eine Kabelanschlussstelle erkennen (siehe VI.2.b). Vielleicht handelt es sich lediglich um ein Ofenrohr, aber das ist eher unwahrscheinlich, da sich eine ähnliche Stange in der Nähe des Tunneleingangs befindet. Möglicherweise befinden sich in dem Flachdachgebäude Belüftungsanlagen und viel leicht auch Toiletten/Garderobe.

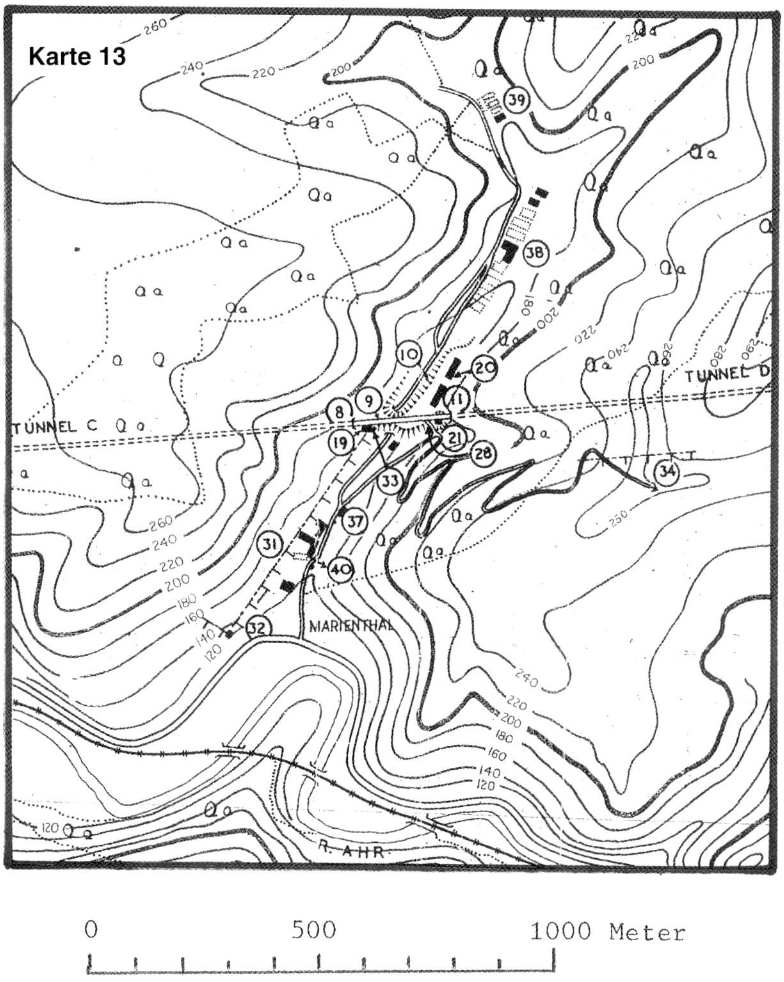

(f) Verbindung C-D
Auf dem in III.7 beschriebenen Plateau (10) befinden sich 2 Schuppen (45 x 13,5 m) (20), wahrscheinlich Lagerschuppen, und ein schmales Gebäude mit einem kleinen nördlichen Anbau. Diese standen alle am 23.12.43 schon da, und an dem Tag gab es auch noch einen vierten Schuppen (21 x 9 m) am Rande des Plateaus. Am 12.09.44 konnte man darüber hinaus einen 5. Schuppen südlich vom 4. erkennen (21 x 9 m), aber am 14.01.45 waren beide bereits entfernt worden. Am 12.10.42 befanden sich auf dem Plateau gar keine Gebäude. **(Karte 13)**

(g) Tunnel D
Ein Flachdachgebäude (10,5 x 6 m) befindet sich südlich von der Straße im Eingangsbereich des Westportals von Tunnel D. Man kann auf dem Foto keine Einzelheiten erkennen. Am 23-12-43 war es noch nicht da.

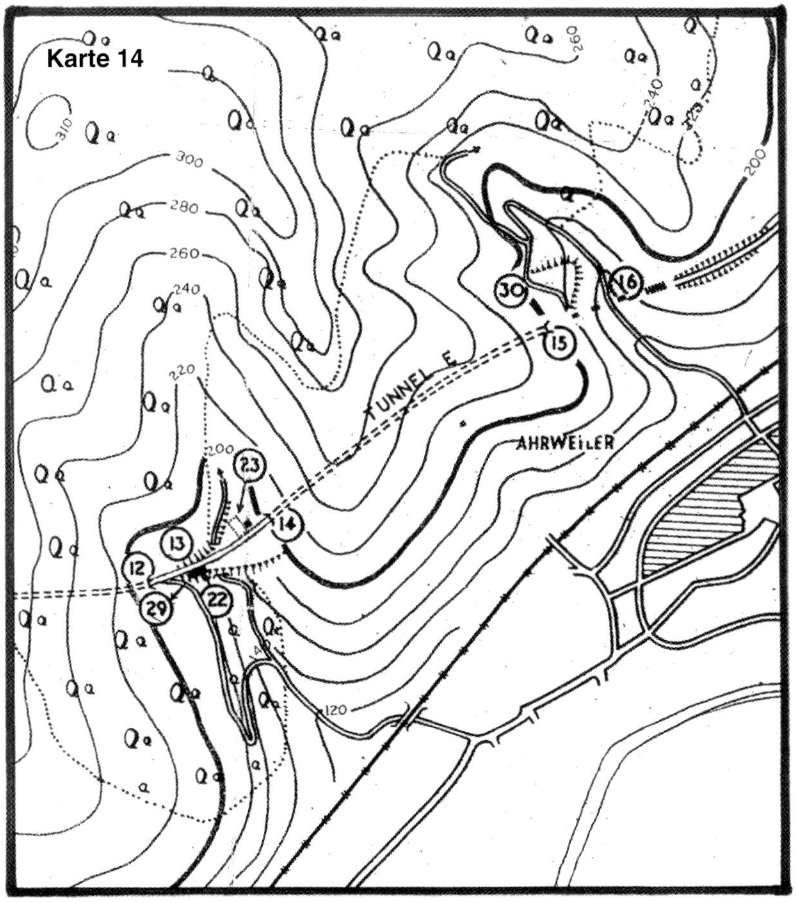

(h) Verbindung D-E
91 m vom Eingang zu Tunnel D befindet sich auf der Südseite der auf dem Damm verlaufenen Straße ein Gebäude mit den Ausmaßen 15 x 7,5 m (22). Es hat ein flaches Dach mit einer stämmigen Stange oder einem Ofenrohr auf seiner westlichen Seite. Dies ist neu seit dem 23.12.43, aber war möglicherweise am 12.09.44 schon da. Ein 7,5 x 3,7 m großes Gebäude mit Giebeldach, das sich auf der anderen Straßenseite am unteren Teil des Hanges befindet war am 02.10.42 schon da und ist wahrscheinlich ein Wohnhaus, das mit dem Tunnelprojekt nichts zu tun hat. Auf dem dreieckigen Plateau vor dem Westeingang von Tunnel E stehen einige Gebäude, die sich im letzten Jahr stark verändert haben. Am 23.12.43 kann man 2 Giebeldachgebäude (13,5 x 9 m und 7,5 x 4,5 m) (23) sehen, und zwar auf der Nordseite der Straße, mit Steinen davor, wahrscheinlich Baumaterial. Am 09.05.44 befand sich dazwischen ein größeres Gebäude im Bau. Am 12.09.44 schien dies Gebäude fertiggestellt zu sein und maß 27,5 x 13,5 m. Das kleinere der ersten zwei Gebäude war jetzt abgerissen worden, aber auf der Südseite der Straße hatte man einige kleine Schuppen gebaut. Am 14.01.45 war das große Gebäude zerstört worden. In der Nähe des Südeingangs zum Tunnel E befinden sich jetzt die Krater. Obwohl man wegen des Schnees nicht richtig beurteilen kann, ob die Zerstörung von Bomben herrührt, ist dies doch sehr wahrscheinlich, da das 13,5 x 9 m große Gebäude zwar noch steht, aber Teil seines Dachs verloren hat. Dies ist jetzt das einige noch auf dem Plateau verbleibende Gebäu de, da die Schuppen auf der Südseite der Straße entfernt worden sind. Mit Ausnahme von der Zerstörung des gro ßen Gebäudes, deuten all diese Veränderungen darauf hin, dass die Gebäude auf dem Plateau wohl nur vorübergehend angelegt worden waren, errichtet im Zusammenhang mit dem Bau der Fabrik und wieder entfernt sobald nicht mehr gebraucht. **(Karte 14)**

IV. Eisenbahnanlagen

(1)(a) Eine Standard-Zweispureisenbahnlinie verläuft im AHRTAL und wird 1 Meile nördlich von SINZIG an die RHEINTAL-Linie angebunden. 90 m nordwestlich von Tunnel A zweigt eine einspurige Bahnlinie von der AHR-Linie ab und führt in den Westeingang des Tunnels. Vom Ostportal aus verläuft sie in nördlicher Richtung auf dem Damm nach Tunnel B. Dieser Teil der Bahnverbindung ist noch im Bau befindlich. Am 12.09.44 endete sie ca. 40 m vor dem Südeingang zu Tunnel B. Am 06.11.44 waren weitere 21 m errichtet worden. Auf letztem Stand ist die Schiene unter Schnee verborgen. Auf den Fotos vom 23.12.42 meint man erkennen zu können, dass zu dem Zeitpunkt der Abschnitt von der Hauptlinie zum Westeingang angelegt wurde.

(b) Fotos vom 06.11.44 zeigen auf der B-C Verbindung eine Reihe von Eisenbahnschwellen für eine einspurige Eisenbahnlinie, die aus dem Tunnel C hervortritt und sich zu einem Punkt ca. 52 m vom Eingang zu Tunnel B erstreckt. Darüber hinaus sind Richtung B schon zwei Erdwälle angehäuft worden, die im Eingang von Tunnel B verschwinden und wohl darauf hin deuten, dass die Bahnlinie in den Tunnel hinein fortgesetzt werden und dort an die Strecke angebunden werden soll, die vom Süden her erstellt wird.

(c) Auf den Verbindungsstücken C-D und D-E sind keine Eisenbahnlinien zu sehen, und nichts deutet darauf hin, dass sie hier verlegt werden sollen.

(d) Nur einmal sind Eisenbahnwaggons auf der Fabrikschiene gesichtet worden. Am 14.01.45 stehen 8 bedeckte und 13 offene Waggons aneinandergereiht 50 m nördlich vom Osteingang zum Tunnel A. Sie sind mit einer dicken Schneeschicht bedeckt, genau wie der gesamte Schienenabschnitt von A nach B. Dies deutet jedoch nicht darauf hin, dass die Schiene längere Zeit nicht benutzt worden wäre, da man auf der Hauptstraße und der Haupt-AHRTAL-Eisenbahnlinie deutlich erkennen kann, dass der Schnee erst vor sehr kurzer Zeit gefallen ist.

(2) Man kann den Güterbahnhof DERNAU und das dazugehörende Lager (25) mit schleifenförmigen Rangiergleisen sehr gut über die Straße von der westlichen Gruppe der Tunnelformation erreichen (siehe V.2.b-c).Wie auf dem Plan zu erkennen ist, gibt es auf dem Gelände des Güterbahnhofs einige Gebäude, von denen eins (30 x 23 m) zwischen dem 12.09.44 und dem 14.01.45 von Bomben zerstört worden ist. Die Gebäude haben alle schon am 23.12 43 gestanden, und es gibt keinen Anlass zu vermuten, das ihre Errichtung in irgendeinem Zusammenhang mit dem Fabrikprojekt gestanden hat. Jedoch zeigen Fotos vom 23.12.43 eine Verbindung zwischen den Nebengleisen und der Fabrik in Form von sechs zylinderförmigen Objekten mit einem Durchmesser von 2,75-3,10 m, die am nördlichen Ende des Geländes entlang der Schienen aufgereiht worden sind. Sie sehen ganz wie Tonnen oder Fässer aus. Am selben Tag werden drei ähnliche Objekte auch auf dem Dammabschnitt zwischen Tunnel C und D gesichtet, und zwar zwischen Schuppen an der Straße. Am 06.11.44 kann man ein weiteres Fass deutlich auf dem Plateau nördlich von diesem Dammabschnitt erkennen.

V. Straßenverbindungen

(1) In der Beschreibung der Verbindungsstücke zwischen den Tunneln sind die Straßenabschnitte bereits beschrieben worden. Sie sind alle 5,5 – 6 m breit und weiten sich gelegentlich zu 9 m aus. Im Verbindungsstück B-C befindet sich ein 3 m breiter Straßenstreifen westlich von dem geplanten Eisenbahnstück, und auf dem Verbindungsstück A-B verläuft ein 6 m breiter Straßenstreifen parallel zur Eisenbahnstrecke vom Südportal Tunnel B bis zu dem Punkt, wo eine Nebenstraße den Damm verlässt. Man kann nicht mit Sicherheit sagen, ob der Damm südlich von diesem Punkt noch eine Straßenführung aufweist, da auf den einzig verfügbaren Fotos ohne Schatteneinwirkung dicker Schnee liegt.

(2)(a) Im AHRTAL verläuft neben der Eisenbahnstrecke eine Hauptverkehrsstraße. Sie ist von den Tunnelanlagen wie folgt zu erreichen.

(b) Verbindung A-B
Ca. 160 m südlich des Eingangs zu Tunnel führt eine 4,5 m breite Straße von der Westseite des Damms hinab und stößt sehr bald auf eine 5 m breite Straße, die die umliegenden Berge herunterführt und unter einer Brücke (siehe III.c) den Dammabschnitt passiert. Schließlich mündet sie auf die Hauptstraße in den Ausläufern von DERNAU.

(c) Verbindung B-C
100 m westlich vom Eingang zum Tunnel C zweigt eine 3 m breite Nebenstraße (27) von dem Viadukt ab und verläuft entlang der Geröllschicht bis sie unten im Quertal auf eine 4 m breite Straße trifft. Diese Straße führt unter dem Viadukt hindurch und gelangt zur Hauptstraße hinter der kleinen Stadt DERNAU.

(d) Verbindung C-D
Durch das Marienthal verläuft eine 3,5 – 4 m breite Straße. 85 m südlich der Tunnel schließt sich eine 2,5 m breite Straße an, die über mehrere Serpentinenkurven die Osthänge des Tals nach unten führt. Am äußersten östlichen Ende des Verbindungsdamms trifft eine kurze Stichstraße auf die unterste dieser Serpentinen und bietet so Zugang zu der Talstraße. Außerdem führt eine 2 m breite Straße (10) steil die Böschung des o.g. Plateaus hinunter und stößt ebenfalls auf die Talstraße.

(e) Verbindung D-E
Eine 2 m breite Straße, die sich langsam auf 4,5 m ausweitet, durchläuft die Talsohle und stößt auf die Haupttalstraße in den westlichen Ausläufern von AHRWEILER. Ein 27 m langer Tunnel führt die Straße quer durch den Dammabschnittt zwischen D und E. Eine kurze Stichstraße (29) verläuft südlich vom Eingang zu Tunnel D und stößt auf eine 2,5 m breite Straße, die die Hänge über mehrere Steilkurven herunterführt und 75 m unterhalb des Damms auf die Talstraße stößt.

(f) Tunnel E Osteingang
Eine 3,5 m breite Straße führt durch das Tal nach AHRWEILER. Zugang vom Tunneleingang gibt es über eine Nebenstraße (30), die nach Norden verläuft und auf die Talstraße an einer Serpentinenkurve 230 m unterhalb des Damms trifft. Diese Nebenstraße hat es am 23.12.43 noch nicht gegeben und kann am 12.09.44 als im Bau befindlich erkannt werden.

VI. Elektrizität

(1) Das Tunnelprojekt ist nicht an eine Hochspannungsleitung angeschlossen. Elektrizität wird wahrscheinlich über AHRWEILER von einem Transformator in BAD NEUENAHR bezogen. Er wird mit 110 Kilovolt gespeist.

(2)(a) Wegen der schlechten Qualität der zur Verfügung stehenden Fotos ist es uns leider nur gelungen, kurze Abschnitte der Stromleitungen in der Umgebung des Fabrikprojekts zu erkunden.

(b) Von einem Dorftransformator (32) in der Mündung des MARIENTHALS führt eine überirdische Leitung (31). In der Eingangsausschachtung von Tunnel C gibt es einen Kabelendanschluss (33), der damit verbunden ist. Er besteht aus einem niedrigen rechteckigen Gebäude (3,6 x 4,3 m) mit einem zweifachen Mast am südlichen Ende. Er steht in einem schiefen Winkel zu dem anderen größeren Gebäude auf dieser Ebene und berührt es an seiner südöstlichen Ecke. Er bestand bereits am 23.12.43, bevor das größere Gebäude (19)errichtet wurde, und er ist nur auf dem jetzigen Flug klar zu erkennen. **(Karte 15)**

(c) Am 23.12.43 konnte man erkennen, dass auf dem Hang oberhalb von Tunnel D an einer Stromleitung (34) gearbeitet wurde. Zu dem Zeitpunkt existierten lediglich eine Kette von Erdlöchern, neben denen die Strommasten lagen. Am 05.11.44 waren die Masten aufgestellt worden, aber die Leitung kann nur gemäß dem Plan gezeigt werden. Scheinbar verläuft sie zwischen den beiden Eingängen von Tunnel D.

VII. Wasser

Es gibt keine konkreten Hinweise auf ein eigens für das Tunnelvorhaben eingerichtete Wasserprojekt. Jedoch wurden in den südlichen Ausläufern von DERNAU zwischen dem 12.09.44 und dem 06.11.44 zwei 360 m lange Gräben (35) ausgehoben. Zu welchen Zweck dies geschah, weiß man nicht und auch nicht, ob diese Arbeiten mit dem Fabrikprojekt in Verbindung standen.

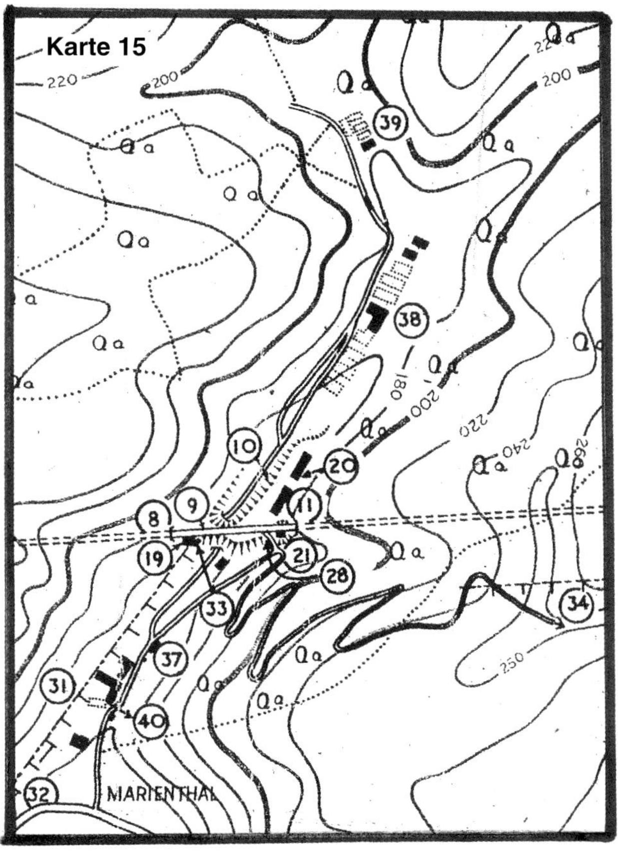

VIII. Lagereinrichtungen

(1) 45 m westlich vom südlichen Ende des Güterbahnhofs DERNAU befindet sich ein Gelände für Lagerzwecke (36)(90 x 53 m). Mit der Hauptstraße ist es durch eine Stichstraße verbunden, und es steht dort ein 17 x 14 m großes Gebäude, mit einem gewölbten Dach, das seit dem 23.12.43 errichtet worden ist. Zu dem Zeitpunkt gab es dort nur einen 23 x 11 m großen Schuppen, der nun nicht mehr existiert. Seit das größere Gebäude gebaut worden ist, liegt weniger Material draußen herum. Neben einigen nicht genau zu bestimmenden Lagermaterialien enthält das Lagergelände 11 Reihen von jeweils 5 leichten Güterwagen. Diese scheinen zwischen dem 23.12.43 und dem 14.01.45 nicht bewegt worden zu sein und gehören wahrscheinlich zu der Errichtungsphase des Tunnelprojekts.

(2) In III.1.b. haben wir bereits die wahrscheinlich zur Lagerung dienlichen Schuppen auf dem Verbindungsstück C-D beschrieben. Auf allen zur Verfügung stehenden Fotos sind nicht weiter zu erkennende Lagermaterialien in ihrer Umgebung zu sehen.

(3) Am südlichen Ende des Verbindungsstücks C-D besteht eine kleine Lagereinrichtung (37). Am 12.09.44 enthielt sie 2 Schuppen (18 x 7,5 m und 12 x 6 m), von denen der größere bereits am 23.12.43 dort gestanden hatte. Am 06.11.44 hatte man ihn bereits entfernt, und ein Haufen nicht näher zu bestimmender Lagermaterialien lagen offen aus.

IX. Unterkunft für Arbeitskräfte

(1) Am 23.12.43 wurde auf der Ostseite des MARIENTHALS ein Barackenlager (38) nördlich der Tunneleingänge gebaut. Am 06.09.44 hatte man es fertiggestellt, und es besteht aus folgenden Gebäuden:

3 Baracken 32 x 14 m
3 Baracken 35 x 14 m
3 Baracken 30 x 14 m

3 Baracken 26 x 14 m
3 Baracken 24,5 x 14 m
1 U-förmiges Gebäude, dessen mittlerer Teil 49 x 14 m misst,
mit zwei Flügelteilen von jeweils 30,5 x 14 m. Hierin sind wahrscheinlich
Büros, Speisesäle usw. untergebracht. **(Karte 15)**

Dieses Barackenlager wird bereits in einem Bodenbericht erwähnt, der aussagt, dass es aus Baracken für jeweils 30 Mann besteht, d.h. 240 Mann insgesamt. Man sollte jedoch bedenken, dass der britische Standard von 5 m^2 pro Person 800 Mann in einfachen und sogar 1600 Mann in Etagenbetten zulassen würde. Diese Kapazität geht davon aus, dass sich in dem U-förmigen Gebäude nicht weitere Unterkünfte befinden.

(2) Zwischen dem 06.11.44 und dem 14.01.45 wurde das Barackenlager fast vollständig während eines Bombenangriffs zerstört. Nach dem letzten Stand sind 5 Baracken und der Südflügel des U-Gebäudes zerstört und eine Baracke schwer beschädigt. Nur die beiden Baracken am Nordende der Anlage scheinen unbeschädigt zu sein. Wahrscheinlich ist der Schaden am 25.01.44 entstanden, im Verlauf eines Angriffes auf Eisenbahnbrücken zwischen AHRWEILER und DERNAU. Die Talhänge gegenüber des Lagers sind mit Kratern besät, jedoch keine von ihnen in unmittelbarer Tunnelnähe.

(3) Ca. 45 m nördlich von diesem Lager in einem Quertal werden weitere Baracken (39) erbaut. Am 14.01.45 kann man eine bereits fertiggestellte 24 x 12 m große Baracke sehen, außerdem sind die Fundamente für 3 weitere Baracken zu erkennen. Dieses Tal war bei den Bombenangriffen nicht getroffen worden.

(4) Am südlichen Ende des MARIENTHALS gibt es eine ehemalige Klosteranlage (40), die auch für die Unterbringung von Arbeitskräften genutzt werden könnte. Ihre Gebäude bestehen aus zwei L-förmigen Häusern mit mehreren Etagen (12 x 24 x 45 m und 9 x 23 x 17 m). Sie sind bei den Bombenangriffen ebenfalls nicht beschädigt worden.

(5) Auf Fotos vom 23.12.43 kann man eine Kolonne sehen, die auf dem Plateau (10) nördlich von dem Verbindungsstück C-D marschiert. Sie biegen gerade auf das Plateau ab und kommen von einem Pfad, der vom Tal heraufführt. Man sieht sie an einem Schuppen vorbeigehen, der jetzt abgerissen ist. Das Ende der Kolonne ist von Bäumen verdeckt, aber der sichtbare Teil ist ca. 75 m lang. Man kann nicht erkennen, ob sie zu zweit oder zu dritt nebeneinander hermarschieren, aber, sie laufen gewiss nicht einzeln hintereinander her. Vermutlich ist dies eine Arbeitskolonne auf dem Weg zur Arbeit. Da das Barackenlager zu diesem Zeitpunkt noch nicht fertiggestellt war, müssen sie von anderen Unterkünften im Tal gekommen sein.

Zwangsarbeiter und KZ-Häftlinge

Im Jahre 1944 hatte der Krieg an den Fronten schon Millionen Opfer gefordert. Die Rüstungsproduktion lief auf vollen Touren. Die letzten menschlichen Reserven wurden mobilisiert, dennoch mangelte es überall im Reich an Arbeitskräften. Der SS-Staat selektierte für den Arbeitseinsatz mittlerweile auch Menschen, die eigentlich „ausgemerzt" worden wären.

Im Mittelbau Dora, der großen Untertagefabrik im Südharz waren mehr als 10 000 KZ-Häftlinge versklavt. Bei der Produktion dort wurden mehr Menschen durch Arbeit vernichtet als durch die Waffenwirkung der montierten V 1 und V 2.

Auch für Rebstock forderten die beteiligten Firmen Gollnow & Sohn und Volkswagenwerk bei der SS Zwangsarbeiter an. Am 04. und 08. August wurden 168 bzw. 299 holländische Juden aus Amersfoort antransportiert. Unterbringungsort war zuerst das Lager in Brück an der Ahr, wo auch 400 italienische Militärinternierte eingesetzt waren. Diese Internierten waren nahezu rechtlos, da ihnen nach der Kapitulation Italiens im September 1943 von Hitler der völkerrechtliche Status von Kriegsgefangenen verweigert wurde. Die Juden wurden bald in drei große Baracken auf dem Bahndamm zwischen Herrenberg- und Sonderbergtunnel verlegt. Nach Zeugenaussagen waren die Zustände dort lebensbedrohend und es soll ungezählte Opfer gegeben haben.

Am 02. September 1944 treffen von Tiercelet 300 jüdische Spezialisten aus Ungarn ein, die für das Volkswagenwerk (Stephan) arbeiten sollten. Am 21.09. verlässt dieses Kontingent die drei Baracken und trifft am 27.09. im KZ Dora/Mittelwerke ein. Während dieser drei Wochen waren die Häftlinge ohne Arbeit, weil die Maschinen in Lothringen zurückgeblieben waren. Für die Fa. Gollnow & Sohn (Rebstock) treffen am 21.08.1944 30 Häftlinge aus Buchenwald ein und arbeiten als Baukommando oberhalb von Marienthal nördlich der Tunnelgänge. Sie reißen alte beschädig-

Von links unten nach rechts oben der Bahndamm vom Herrenbergtunnel in Rech zum Sonderbergtunnel in Dernau. In der Mitte oben sind die drei großen Baracken zur Unterbringung der KZ-Häftlinge zu sehen. Rechts oben der Bahnhof von Dernau. Foto vom 12. Oktober 1944/US AF.

te Baracken ab und errichten neue aus solidem Material. Es werden hohe Zäune gezogen und Wachtürme aufgestellt. Als am 08.09.1944 erneut 176 Häftlinge aus Buchenwald eintreffen, sind die letzten beiden Baracken Richtung Esch von Häftlingen belegt. Für die nun insgesamt 206 Häftlinge, die in zwei Schichten von je 12 Stunden arbeiten, werden praktisch nur 103 Schlafplätze dort gebraucht. Am 14.09. trifft der letzte Transport von 200 Häftlingen aus Buchenwald ein. Franzosen, Polen, Russen und Tschechen sind die am stärksten vertretenen Volksgruppen.
Bei einem Luftangriff Mitte November auf die Eisenbahnbrücken bekommt auch das Lager einiges ab und die Häftlinge werden mit den Schlafplätzen in den Mittelteil des Trotzenbergtunnels verlegt. Auch die Zivilbevölkerung von Marienthal und Dernau nutzte mehr und mehr diesen Tunnel als Luftschutzbunker.

Ab November verlegt Gollnow & Sohn seine Produktion schrittweise nach Artern in Thüringen. So sinken auch die Häftlingszahlen von damals 406 auf 185 Ende November und 99 am 13.12.1944. Noch bevor der erste Häftling im Lager Rebstock zur Zwangsarbeit gezwungen wurde, waren dort Hunderte deutscher Männer und Frauen von der Wehrmacht abkommandiert oder auch von ihrem bisherigen Arbeitgeber nach Lager Rebstock versetzt, wie z.B. ab Mitte August 1944 40 Mitarbeiter der Elektro-Mechanischen Werke Peenemünde (EMW). Das örtliche Arbeitsamt zwangsverpflichtete jede verfügbare Arbeitskraft vom jungen Mädchen bis zum nicht mehr frontverwendungsfähigen Kriegsinvaliden. Diese zivilen Arbeitnehmer waren beschäftigt bei der Fa. Gollnow & Sohn, die aus Tarnungsgründen ihren Firmensitz in Koblenz hatte (G&S, Werk Koblenz, Postfach 367).

Sowohl die italienischen Militärinternierten als auch die spezialisierten KZ-Häftlinge übernehmen qualifizierte Arbeiten. Die hier gezeigten Fotos allerdings sind im November 1943 im Lager Rebstock gefertigt worden als dort noch keine Häftlinge eingesetzt wurden.

Mit der Verlegung nach Artern wechselt auch der Tarnname. Aus Lager Rebstock wird Rebstock neu und Gollnow & Sohn heißen nun „Geyer & Sohn“ in A-Dorf. Die meisten Zivilarbeiter aus dem Ahrkreis mussten mit nach Thüringen umziehen und kamen zum Kriegsende am 08. Mai nach strapazenreicher Rückwanderung in ihre Heimat zurück. Eine Welt war zusammengebrochen![11]

Nach Aktenlage summieren sich die Häftlingszahlen, zwischen dem 4.8. und 14.9. antransportiert, auf 873 Personen. Dabei sind die 300 aus Tiercelet nicht mitgezählt.
Wieviele das Ahrtal lebend verlassen haben, ist nicht mehr rekonstruierbar.

Wegen der in Dernau eingesetzten KZ-Häftlinge und Zwangsarbeiter hat sich in den Achtziger Jahren ein Verein gegründet. Die Bundeszentrale für politische Bildung in Bonn hat in einer Dokumentation die Gedenkstätten für die Opfer des Nationalsozialismusses dargestellt

[11] Hans Mommsen/Manfred Grieger „Das Volkswagenwerk und seine Arbeiter im Dritten Reich“ ECON 1996
Jens-Christian Wagner „Produktion des Todes, KZ Mittelbau-Dora“ Wallstein-Verlag 2001
Uli Jungbluth „Wunderwaffen im KZ Rebstock“, Rhein-Mosel-Verlag 2000

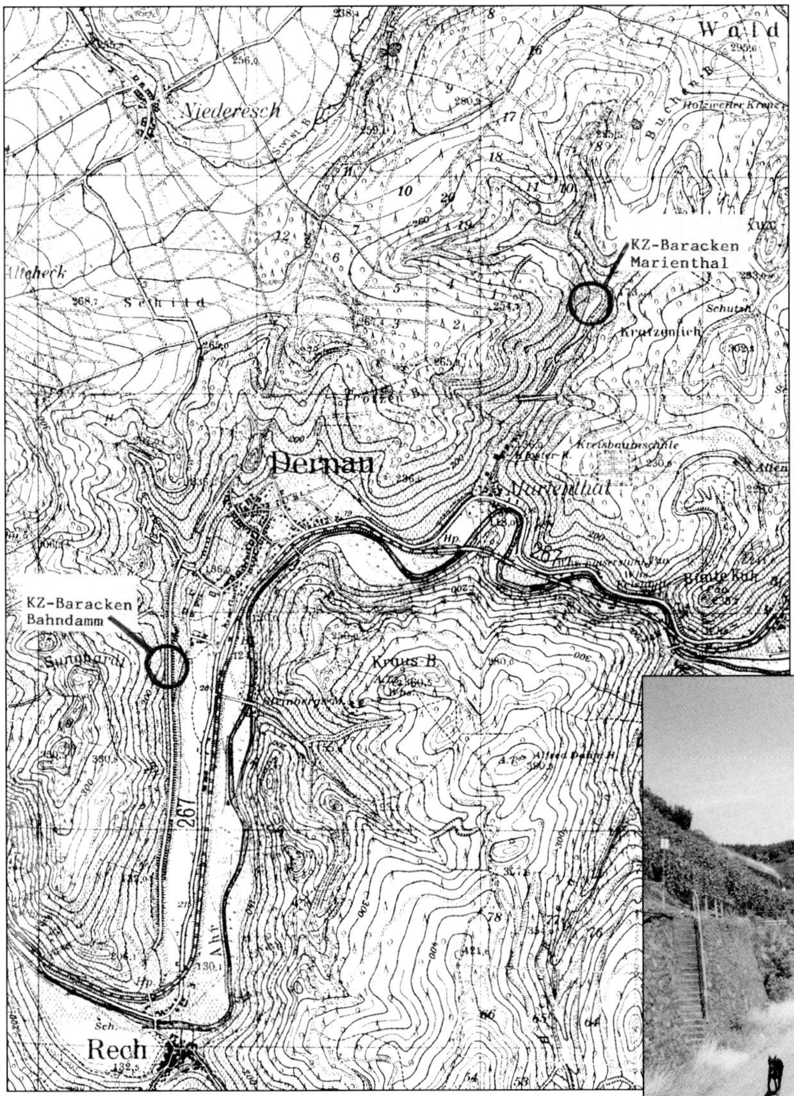

Gedenktafel in der Weinbergmauer

Blick von der Gedenktafel in Richtung Norden über ehemaligen Bahndamm zum Südportal des Sonderbergtunnels, rechts Dernau.

und schreibt darin über Dernau:

„Auf Initiative des 1986 gegründeten 'Vereins zur Einhaltung des Gedenkens an das KZ-Außenlager Dernau' erinnert seit 1988 eine Steintafel in den Weinbergen oberhalb der Zaungartenstraße an das ehemalige Außenlager des Konzentrationslagers Buchenwald.
Die eingemeißelten Worte lauten:

Zum Gedenken an das Außenlager des KZ Buchenwald 21.08.1944-13.12.1944 und allen Opfern des Nationalsozialismus und den Lebenden zur Mahnung.

In dem Arbeitslager waren im August 1944 180 Menschen – vor allem aus Belgien, Frankreich, den Niederlanden und Russland – untergebracht. Bis November 1944 stieg die Zahl der Inhaftierten auf 197 an. In den unterirdischen Produktionsstätten der Tunnelanlagen zwischen Dernau und Ahrweiler, in die kriegswichtige Betriebe ausgelagert waren, mussten die in Baracken untergebrachten KZ-Häftlinge für die Firma Gollnow in Koblenz Zwangsarbeit leisten. Unter dem Namen 'Rebstock' als geheime Operation getarnt, wurden die Lagerinsassen gegen Ende des Krieges in den Stollen der Weinberge um Marienthal und Dernau zur Waffenproduktion herangezogen. In der Anlage wurden Flüssigkeitsraketen entwickelt und hergestellt."

Das Barackenlager in Marienthal nördlich des Bahndamms am 12. Oktober 1944; unten links Klostergebäude

Die Zeit nach „Gollnow & Sohn“

Nachdem die Firma Gollnow & Sohn bis Mitte Dezember 1944 Arbeitskräfte und Produktionsanlagen nach Artern verlagert hatte, interessierte sich die Division z. V. für die Eisenbahntunnels im Ahrtal.

Das Kriegstagebuch vermerkt unter dem 16.12.1944:
„Die 2. Batterie Artillerieabteilung 836 (mot) meldet Erprobung von FRE (Fernraketenverschuss von Eisenbahnzug). Befehlshaber z.b.V. Heer hat jetzt 3 einsatzbereite FRE-Züge. Bei der augenblicklichen Luft- und Bahnlage ... wird das FRE-Schießen noch zurückgestellt werden müssen. Es sollen aber vorsorglich geeignete Stellungen durch einen Offizier der 2./Art Abt. (mot) 836 erkundet werden mit besonderem Hinblick auf die Eignung des geräumten Lagers Rebstock.

02.01.1945: der Offizier 2. / Art Abt. (mot) 836 ist von der Erkundung für FRE-Schießen zurückgekehrt und arbeitet bei der ... Erkundungsergebnis aus. Geprüft wurden Tunnel in der Eifel, im Westerwald und im Siegerland. Außerdem das Lager Rebstock. Die Tunnel liegen fast alle in Kurven, die teilweise auch stark gekrümmt sind. Da die FRE-Wagen für gerade Strecken konstruiert sind, wird diese Tatsache besondere Schwierigkeiten ergeben und eine Umkonstruktion evtl. notwendig machen. Das Lager Rebstock ist zum großen Teil von Tausenden von Zivilisten bewohnt; außerdem müssten dort mehrere Kilometer Gleis neu gelegt werden. Auf Grund dieser Tatsache und der schwierigen Bahn- und Luftlage wird der FRE-Einsatz vorläufig zurückgestellt.“

Damit ist dem mittleren Ahrtal wahrscheinlich Schlimmeres erspart geblieben, denn dort, wo die alliierten Aufklärer auch nur geringste Anzeichen von V-Waffen-Einsatz feststellten, schlugen sie mit Jubos und Bombern zu.

Als weitere Folge des o. g. Erkundungsberichtes wird die 2. Batterie der Artillerie-Abteilung 836, die FRE schießen sollte, am 11. Januar 1945 der „Gruppe Süd“ im Westerwald wieder zugeführt. Diese Einheit bezieht einen neu erkundeten Feuerstellungsraum zwischen Weilburg und Runkel an der Lahn. Aus diesem Raum verlegt die inzwischen in II. Abteilung Artillerie Regiment zur Vergeltung 901 umbenannte bzw. umgegliederte 2. Batterie in die Wälder bei Kirburg nördlich von Bad Marienberg/Westerwald. Von dort werden zwischen dem 28.02. und 16.03.1945 noch 19 Raketen nach Antwerpen verschossen, bevor am 23.03.1945 die II./901 als letzte V2-Einheit den Westerwald Richtung Norddeutschland verlässt.[12]

Bereits am 24. März 1945 brechen die US-Panzer- und Infanteriedivisionen aus dem Remagen-Brückenkopf aus und besetzen in wenigen Tagen den gesamten Westerwald.

Originalseiten aus dem Kriegstagebuch der Division z.V.
16.12.1944

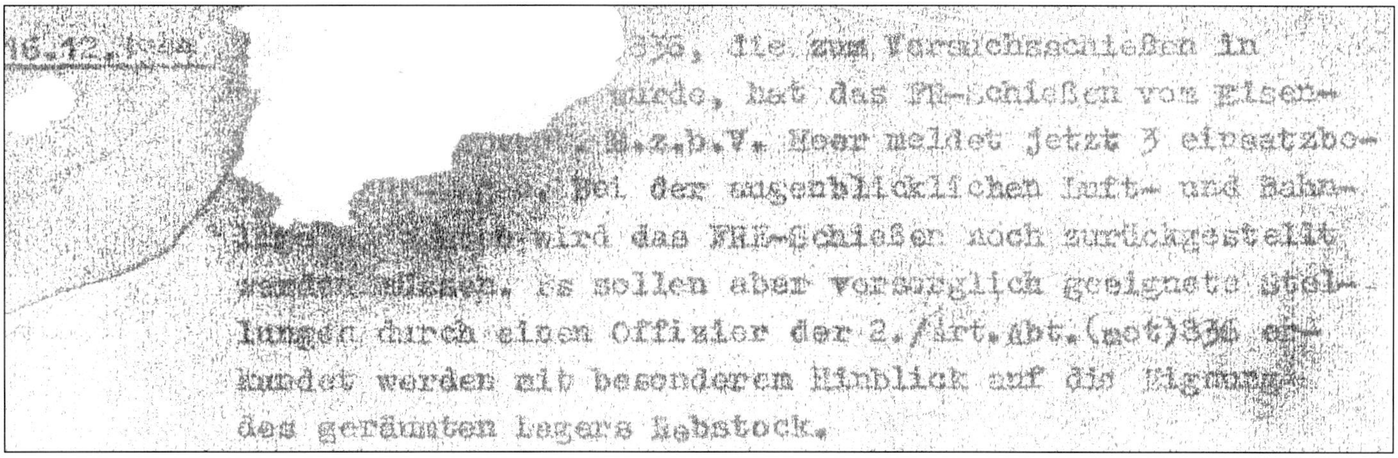
16.12.1944 ... 836, die zum Versuchsschießen in
... wurde, hat das FR-Schießen vom Eisen-
... B.z.b.V. Heer meldet jetzt 3 einsatzbe-
... Bei der augenblicklichen Luft- und Bahn-
... wird das FRE-Schießen noch zurückgestellt
... Es sollen aber vorsorglich geeignete Stel-
lungen durch einen Offizier der 2./Art.Abt.(mot)836 er-
kundet werden mit besonderem Hinblick auf die Eignung
des geräumten Lagers Rebstock.

02.01.1945

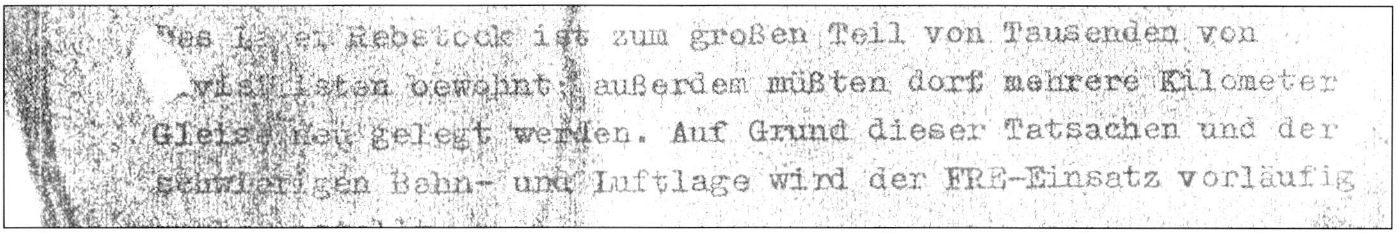
Das Lager Rebstock ist zum großen Teil von Tausenden von
Zivilisten bewohnt; außerdem müßten dort mehrere Kilometer
Gleis neu gelegt werden. Auf Grund dieser Tatsachen und der
schwierigen Bahn- und Luftlage wird der FRE-Einsatz vorläufig

12 BAMA RH26/1022/3

FR-Batterie auf Rungenwagen, links Feuerleitpanzer, rechts V 2-Rakete

Schon kurze Zeit, nachdem die Rüstungsfirmen bzw. die Wehrmacht das Lager Rebstock geräumt hatten, übernahm die Zivilbevölkerung aus dem Ahrtal die Eisenbahntunnels der strategischen Strecke.

Die alliierten Luftwaffen hatten nach Beginn der „Ardennen-Offensive“ der Wehrmacht den Luftkrieg insbesondere auf die Nachschublinien im Fronthinterland verstärkt. Darunter hatten auch die Bewohner des Ahrtals zu leiden. Wie man sich zu helfen versuchte, sei in einem Beitrag geschildert, der in der Rhein-Zeitungsdokumentation „Heimat in Scherben“ von Willi K. Michels, 1985 erschienen ist: (Seite 118-120)

V 2-Rakete auf Eisenbahnwagen wird zum Abschuss vorbereitet

Leben im Ahr-Tunnel

Am 6., 7., 8. März 1945 stoßen die amerikanischen Truppen in den Kreis Ahrweiler von der Grafschaft und vom Nürburgring her. Die Brücke von Remagen kommt in ihre Hand. Auch in Ahrweiler warteten in den letzten Kriegswochen die Menschen auf Ruhe und Frieden. Einer von ihnen war Heinrich Böll, der erst kürzlich im Rundfunk noch einmal jene Stunden und Tage an der Ahr wachwerden ließ. Seit den Weihnachtstagen 1944 entdeckten die Leute aus Ahrweiler und Umgebung die Tunnels im Berghang als Rettung und Zuflucht. Die Rhein-Zeitung schrieb später über jenes Leben: Wie vom Urinstinkt vergangener Jahrtausende geleitet, suchten sie irgendwo sicheren Schutz. Schutz für die Kranken und Kinder, und nur ein Gedanke verfolgte sie: einmal ungestört schlafen können, noch einmal.

Dieser Gedanke bewog sie, mit der noch geretteten Habe in den Bergtunnel zu flüchten. Über Nacht erbauten sie in diesem Tunnel eine neue Stadt, in jenem ein neues Dorf. So entstand ein neues Dernau, Marienthal und ein neues Ahrweiler.

Eine Stadt im Berg; auf 2880 m², mit einer Wohnfläche von 1980 m² entstanden 234 kleine Häuschen. Hier hausten 516 Familien mit 2576 Personen. Rechnet man die Bodenfläche der Seitenwände der Häuschen und die schmale Straße in der Mitte ab, standen jeder Person 0,40 m² Wohnfläche zur Verfügung. Was das bedeutet, kann nur der ermessen, der es miterlebt hat. Im „Haus" Nr. 73 wohnten zum Beispiel 39 Personen. Es waren die Familien T. Pilati, Bruno Sonntag, Peter Fuchs, Hans Sonntag, Ph. Herbrand und Adam Knieps.

Anfangs brannte noch alle hundert Meter eine Lampe, welche vom Kucksbergtunnel, wo ein Rüstungsbetrieb untergebracht war, mit Strom versorgt wurde. Aber wie bald ging das zu Ende. Für die Bewohner der Stadt wurde es ewige Nacht. Nur in den kleinen Häuschen brannte sparsam eine Kerze oder eine selbstgebastelte Rohöllampe, die mit ihrem Rauch den kleinen Raum in dichte Nebelschwaden hüllte. Und hier lebten monatelang Menschen. Hier wurden Kinder geboren, Kranke stöhnten in ihren Schmerzen, und vielen erlosch das Lebenslicht für immer.

Wo waren in diesen Monaten die Schreier und großen Organisatoren? Wo waren die Heilrufer von vorhin? Niemand kümmerte sich in der großen Not um die hilflosen Bewohner der Stadt im Berg. In den ersten Tagen sah man sie noch stolz an den KZ-Häftlingen vor dem Kucksbergtunnel vorbeigehen, bis ihnen der Boden zu heiß wurde.

Die Einwohnerzahl im Silberbergtunnel wuchs von Tag zu Tag. Sollte nicht eine Katastrophe eintreten, mußte etwas geschehen. Im Dernauer Tunnel war Typhus ausgebrochen, es mußte etwas unternommen werden, daß diese Seuche nicht auf den Silberbergtunnel übergriff. Beherzte Männer stellten sich zur Verfügung. Unermüdlich griffen sie mit in die Organisation ein, um den Bergbewohnern wenigstens ein einigermaßen erträgliches Leben zu schaffen. Es wurden Hausnummern und Einwohnernamen an den Buden angebracht, um es dem Geistlichen, dem Arzt, dem Roten Kreuz, der Post und den Tunnelbewohnern zu ermöglichen, überhaupt jemanden im Notfall zu finden. Die Tunnelstraße und der Wasserabflußkanal wurden sauber gehalten. Kochherde durften nur noch vor dem Eingang aufgestellt werden, damit die Luft sauber blieb. Ein dringendes Bedürfnis war der Bau einer Kapelle, damit wenigstens im kleinen Rahmen Gottesdienst und geistlicher Beistand gegeben werden konnte. Die fehlenden Abdecksteine im Wasserkanal wurden ergänzt, damit in der Dunkelheit kein Unfall geschehen konnte. Denken wir nur ans WC: Jeder Tunnelbewohner wird darüber heute noch das Gruseln bekommen. Es ging vorbei, und vieles ist schon vergessen.

Es wäre nicht richtig, wollte man nur der ernsten Stunden gedenken. Bei allem Elend geschah auch manches, worüber herzlich gelacht wurde. Ich höre heute noch die drastischen Aussprüche, wenn im dunkeln Gang zwei mit den Köpfen zusammenstießen. Kam einer mit einem Topf gekochter Kartoffeln von draußen in den dunklen Tunnel, schrie der, um nicht angestoßen zu werden, „Heiße Würstchen", und von Haus zu Haus gab man ihm eine passende Antwort.

Das war das Leben im Tunnel. Die Bürger vieler Städte haben in Bunkern gelebt, aber kaum entstand eine Stadt im Tunnel wie hier.

Die Schriftstellerin Mathilde Husten hat dieses Dasein farbiger noch dargestellt, als es mit diesen Zeilen aquarelliert werden konnte. Es müßte ja auch davon die Rede sein, wie Dr. Habighorst die ärztliche Praxis in seiner Bude Nr. 71 aufrecht hielt.

Es kam das Ende. Für viele war es ein bitteres Ende. Wo waren die Angehörigen, wo überlebten die Väter und Söhne in Uniform den Krieg? Viele der Tunnelbewohner mußten noch länger hier hausen, weil ihr Heim zerstört war. Aber wo ein Wille, da ist auch ein Weg. Mit Eifer wurde aufgebaut, uns soll die Stadt im Berg ein Beispiel gegenseitiger Hilfe und Nächstenliebe bleiben...(J. L.)

Nutzung der Eisenbahntunnels als „Regierungsbunker"

Die Dienststelle Marienthal, im Amtsdeutsch „Ausweichsitz der Verfassungsorgane der Bundesregierung" genannt, entstand im Kalten Krieg zwischen 1960 und 1972.
Die Anlage umfasste 5 Bauteile, die in den ehemaligen Kux- bzw. Trotzenbergtunnels untergebracht waren.

	Bauteil 1 + 2 (Kuxberg)	3, 4 + 5 (Trotzenberg)
Stollenlänge	8.100 m	10.100 m
Flächen	27.600 m²	31.200 m²
Büroräume	502	435
Volumen	157.500 m³	210.000 m³
Eingänge	2	2
Noteingang	2	3

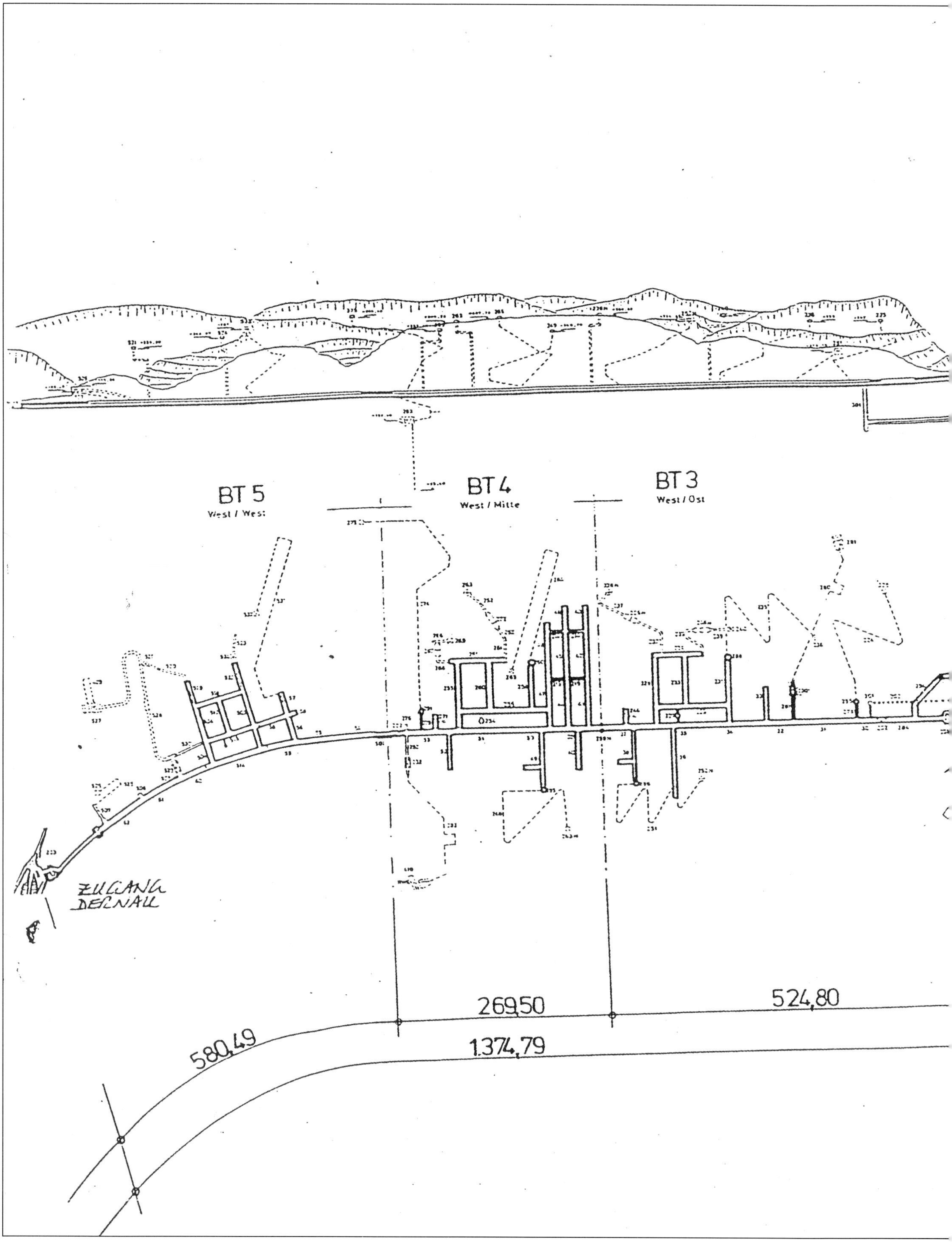
BT 5
West / West
BT 4
West / Mitte
BT 3
West / Ost
ZUGANG
DERNAU
269,50
524,80
580,49
1.374,79

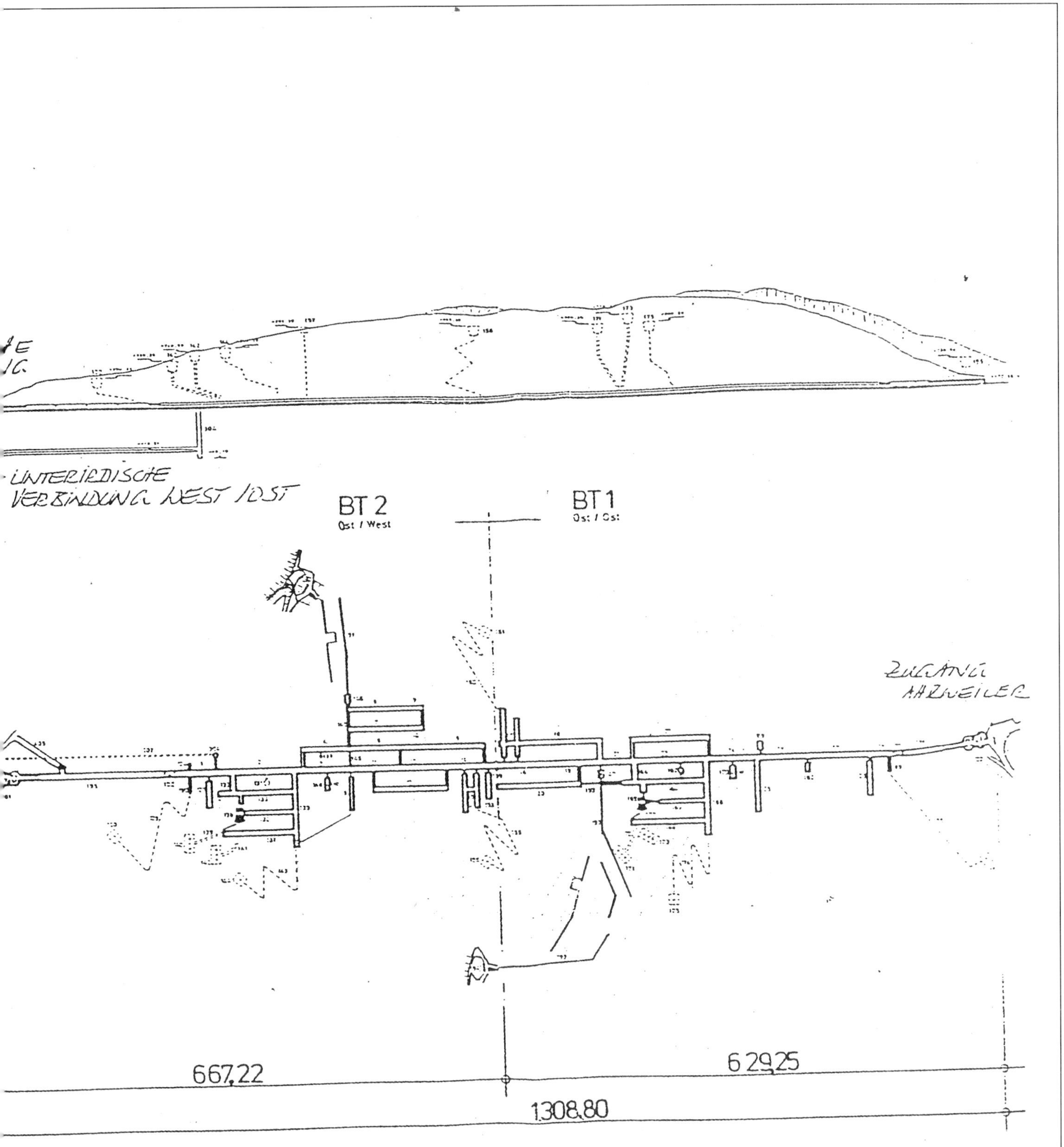

Ausweichsitz der Verfassungsorgane des Bundes Stand 19.1.98
Bundesamt für Zivilschutz Abt. III - Dienststelle Marienthal

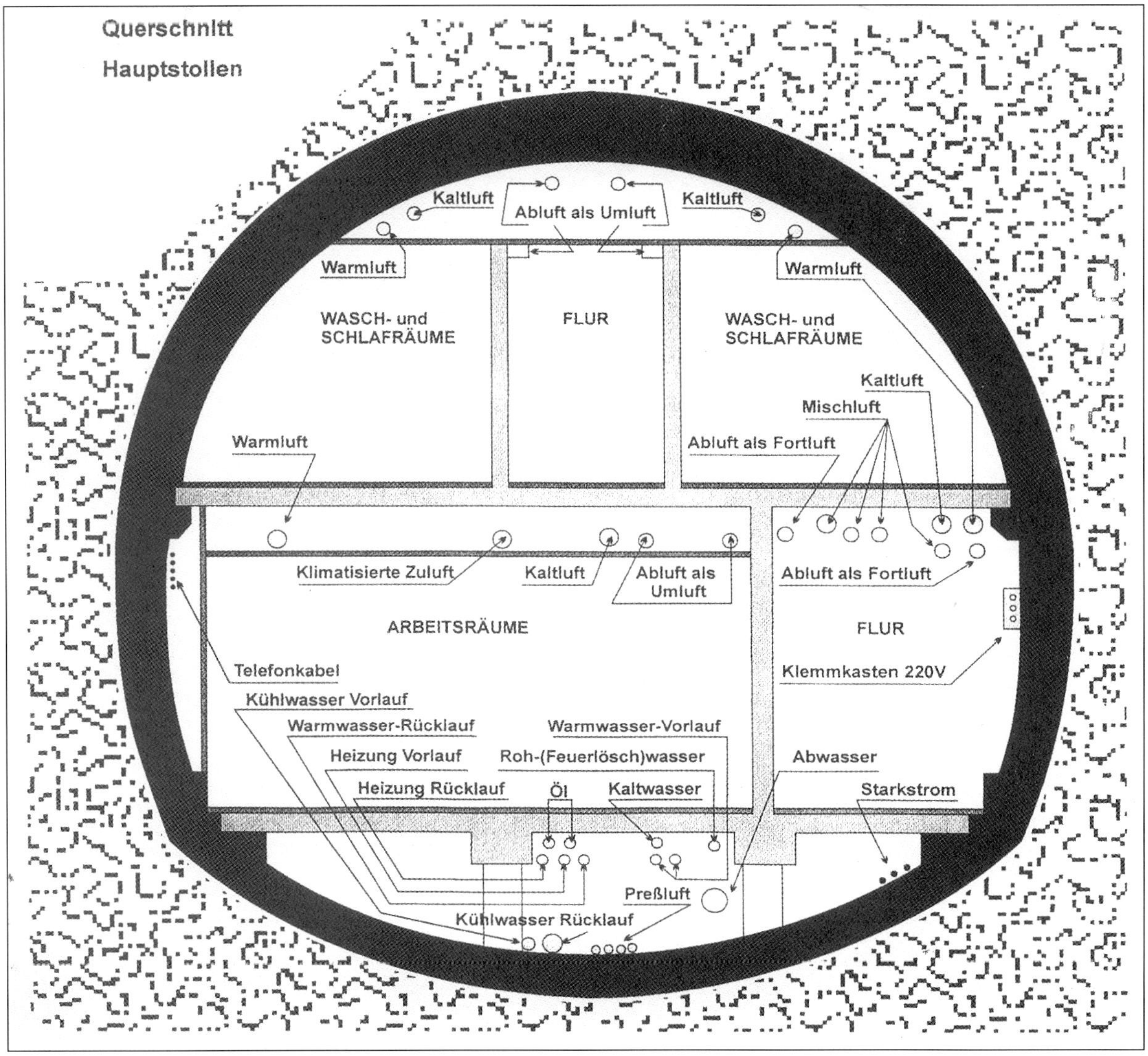

Die Bauherren hofften, dass das 85 bis 112 Meter mächtige Schiefergestein über die Bunkeranlage auch nuklearen Schlägen widerstanden hätte. Zum Glück kam es nie zu einer Probe.

Geübt wurde alljährlich im Rahmen der Natoübungen „Wintex", „Fallex" und „Cimex". Dann spielten bis zu 1000 Personen den Ernstfall und die Regierungsfähigkeit der Bundesregierung in einem Spannungs- bzw. Kriegsfall. Der AdVB ermöglichte bis zu 3000 Personen ein dreißigtägiges Weiterleben und -agieren. Tank- und Verpflegungslager sowie eine raumlufttechnische Anlage mit thermodynamischer Aufbereitung machte die Anlage für einen Monat von der Außenwelt autark. Über 1 Million Liter Dieselölvorrat und Dieselstromgeneratoren sicherten die Stromversorgung im Einsatzfall und die Wasserversorgung lief über eigene Brunnen und Zisternen – ohne Anschluss an die öffentliche Wasserversorgung.
Die Dienststelle Marienthal hielt mit ca. 180 Facharbeitern die Anlage fortwährend betriebsbereit. Der finanzielle Aufwand bewegte sich jährlich im zweistelligen Millionenbereich.
1989 fiel die innerdeutsche Grenze und in den folgenden Jahren zerfiel der gesamte Ostblock als „Warschauer Pakt" das bisherige Feindbild der NATO-Länder.
Im Zuge der Demokratisierung unserer östlichen Nachbarländer war die Bundesrepublik Deutschland ab Mitte der neunziger Jahre kein Frontstaat mehr.

Als dann für die Sanierung (Brandschutzmaßnahmen) und Modernisierung der Anlage ein Investitionsbedarf von 93 Millionen DM ermittelt wurde, beschloss die Regierung Kohl, die Anlage aufzugeben. Im Sommer 1998 bot die Oberfinanzdirektion Koblenz im Auftrag der Bundesvermögensverwaltung den AdVB zum Verkauf an. Es gab eine Reihe von Interessenten und auch regionale Politiker mit z. T. abenteuerlichen Ideen für eine Anschlussverwendung. Am 8. Februar 1999 fiel dann die Entscheidung zum kompletten Rückbau der Anlage, weil keiner der Interessenten den Anforderungen der Oberfinanzdirektion und der Bundesvermögensverwaltung gerecht werden konnte.

Ab dem Jahre 2001 wird die Anlage in einen Zustand versetzt, der keinerlei Gefahrenpotential mehr für Mensch und Umwelt bringt. Im Ergebnis bedeutet dies, dass die Anlage für ihren bisherigen Zweck unbrauchbar wird und auch nicht mehr zu aktivieren ist. Der Rückbau soll noch einmal 50 Millionen DM erfordern aber dann keine Unterhalts- oder Folgekosten nach sich ziehen.

Was ist übrig geblieben?

Das Ahrtal ist im nördlichen Rheinland-Pfalz eine Fremdenverkehrsregion mit hoher Anziehungskraft. Ganzjährig locken die Kureinrichtungen von Bad Neuenahr und die Spitzengastronomie viele Besucher in den Ahrkreis. Der Ahr-Rotwein ist weltbekannt und oft prämiert, so dass nicht nur während der Winzer- und Weinfeste die Gäste in großen Scharen anreisen, sondern das ganze Jahr über viele Kurzzeit- oder Tagesgäste das Tal besuchen.

Dabei hat der Rotweinwanderweg vom Bad Bodendorfer-Bahnhof bis nach Altenahr eine besondere Anziehungskraft. Am Wege durch die Weinkulturlandschaft liegen prächtige Weinberge, auf den Höhen und im Tal Gasthäuser und Weingüter und überall herrliche Blicke ins Ahrtal und auf die Eifelhöhen.

Der Weg schlängelt sich nördlich der Ahr von West nach Ost und überall verwöhnt den Wanderer die Sonne. Wer Teilstrecken zwischen Ahrweiler und Rech geht, findet zwangsläufig die Spuren der Vergangenheit. Aber auch der automobile Tourist hat es leicht, bei Marienthal oder Dernau Überbleibsel der Geschichte zu finden.

Zwar werden in den nächsten Jahren die betonierten Eingänge des ehemaligen Regierungsbunkers zurückgebaut und vielleicht mit Erde abgedeckt, das aufmerksame Auge findet dennoch Hinweise auf das Lager Rebstock. Die folgenden Fotos wurden im Frühjahr/Sommer 2002 aufgenommen und die Objekte sind leicht zu finden.

Hangstützmauer am ehemaligen Ostportal des Herrenbergtunnel in Rech. Der Tunnel ist an beiden Enden verschlossen und mit Erdreich abgedeckt. (s. Foto Seite 7)

Südportal des Sonderbergtunnel in Dernau (s. Foto Seite 14)

Bild rechts:
In der Bildmitte unterhalb der Hangstützmauer liegt der ehemalige Bahndamm zwischen Herrenbergtunnel (hinten links) und Sonderbergtunnel (vorne rechts). Am südlichen Ende der Hangstützmauer befindet sich die Gedenktafel. (s. Foto Seite 8)

Hangstützmauer zwischen Sonderbergtunnel (Mitte links) und Trotzenbergtunnel (Mitte rechts)

Bild oben: Nordportal des Sonderbergtunnel und ehemaliger Bahndamm zum Trotzenbergtunnel

Bild unten: Viadukt zwischen Sonderberg- und Trotzenbergtunnel, vorne rechts Straßenunterführung Bachstraße. (s. Foto Seite 7 unten)

Bild oben: Westportal Trotzenbergtunnel, heute Westeingang des AdVB

Bild unten: Blick auf Marienthal, vorne staatliche Weinbaudomäne dahinter Klosterruine und -gebäude, im Mittelgrund Ahrtalbahn mit Ahrbrücke und Reichsbahn Haltepunkt Marienthal.

Klostergebäude im Park zwischen Domäne und Ortschaft Marienthal, heute Sitz des Bundesamtes für Raumwesen und Raumordnung/Management für Rückbau Ausweichsitz der Verfassungsorgane des Bundes. (s. Foto Seite 41)

Bild links:
Klosterruine zwischen Domäne und Klostergebäude. (s. Foto S. 43)

Früher Ostportal Trotzenbergtunnel, heute Eingang Bauteil 3 (West/Ost) des AdVB. Der Rückbau hat bereits begonnen.

Früher Ostportal Kuxbergtunnel, heute Eingang BT 2 (Ost/West). Der Talgrund links davon ist durch Erdabraum des Regierungsbunkers verfüllt und mit Weinanbau genutzt. entlang der Straße stand 1944/45 das Barackenlager. (s. Foto Seite 45)

Bild rechts:
Mitte links das ehemalige Westportal des Kuxbergtunnel, Bildmitte ehemaliges Ostportal des Trotzenbergtunnel. Auf der Straße nach Esch (links) war der Standort der beiden großen Baracken. Vorne rechts aufgefüllter Talgrund, in dem das Barackenlager gestanden hat.

Links Klosterruine, in der Mitte die Weinbaudomäne und vorne rechts das Betonfundament, auf dem das Wachlokal des Lager Restock gestanden hat. (s. Foto Seite 42)

Früher Ostportal Kuxbergtunnel, heue Eingang BT 1 (Ost/Ost) des AdVB. (s. Foto auf Seite 12) Oberhalb der „Römervilla“

Bild links:
Ehemaliger Bahndamm zwischen Kux- und Silberbergtunnel. In der Bildmitte mit Erde verdecktes Westportal des Silbergtunnel.

Wegetunnel unter Bahndamm. So wird auch die Unterführung des Bahndammes zwischen Trotzen- und Kuxbergtunnel ausgesehen haben.

Ostportal des Silberbergtunnel. Wenige Meter hinter der Holzpalisade ist die Tunnelröhre durch Sprengung versperrt.

Bild oben:
Pfeiler der nie vollendeten Eisenbahnbrücke über das Adenbachtal vor dem Ostportal des Silbergbergtunnel. (s. Foto Seite 9 oben)

Bild oben:
Bahnsteigkante des ehemaligen Haltepunktes der Reichsbahn in Marienthal, unmittelbar ahraufwärts der Brücke 1.

Bild rechts:
Eisenbahnbrücke 1, im Hintergrund der Kuxberg.

Brücke 2, im Hintergrund der Kuxberg.

Bild rechts:
Brücke 3, zwischen Marienthal und Walporzheim.

Bild links:
Eisenbahnbrücke unterhalb der „Bunten Kuh“, hinten Kuxberg.

Bild- und Dokumentennachweis

Bundesarchiv/Militärarchiv, Freiburg 19, 20, 23, 24, 37, 38, 40, 62, 63, 95, 96

Bundesbahnarchiv 5-11, 14, 75

Bundesvermögensamt Koblenz 97-100

Heimatjahrbuch Kreis Ahrweiler, 1936 12-14

Kurt Bornträger 20

Deutsches Museum, München 15, 17-20, 28-36, 41-61, 94

Landesamt für Vermessung und Geobasis-information, Koblenz 26, 27, 72, 92

National Archives, Washington 72-76, 92, 94

Public Record Office, Kew Richmond 78-91

Sanders Report, Canadian Army 21, 22

Schnatz, Dr. Helmut 76, 77

Autor 37, 64, 93, 101-109

Quellenangaben

Bundesarchiv/Militärarchiv, Freiburg: RW 21/34-7, 5, 6, 8 und 9; RH8 / 1265; RH8 / 1267; RH26 / 1022 und 1023

Bundesvermögensamt Koblenz: Exposé zum Verkauf des Ausweichsitzes der Verfassungsorgane des Bundes.

Public Record Office, Kew Richmond, Surrey, Großbritannien: AIR 20 / 5857; W0 208 / 3121

Deutsches Museum, München: GD 639.5.13; GD 639.5.18; GD 639.5.21; GD 639.51.6; Ordner 326 b

National Archives, Washington, USA: RG 243

Landesamt für Vermessung und Geobasisinformation RLP, Koblenz: Topographische Karte 1:25000; vervielfältigt mit Erlaubnis des Landesamtes vom 08.07.2002; Az.: 26722-1.401

Kreis Ahrweiler unter dem Hakenkreuz: Warlich Druck- und Verlagsgesellschaft, Meckenheim, 1989: Das Außenkommando Dernau des Konzentrationslagers Buchenwald, Seiten 289, 290

Heimat-Jahrbuch Kreis Ahrweiler: 1936, Dr. Simmer, Edelpilzzucht in Ahrweiler; 1987, Josef Müller, Brückenpfeiler im Adenbachtal

Horst Garbe: Der Regierungsbunker, AdVB ohne Zukunft?; Verlag Harry Lippmann, Köln 1999

Uli Jungbluth: Wunderwaffen im RZ Rebstock, Rhein-Mosel-Verlag 2000

Klaus Kemp: Die Ahrtalbahnen, Eisenbahnkurier, Freiburg 1983

Dr. Paul Krahforst: Bomben auf Ahrweiler, Ahrweiler 1983

Willi K. Michels: Die Heimat in Scherben, Kriegsende an Rhein und Mosel 1945; Mittelrhein Verlag, Koblenz 1985. Abdruckgenhemigung vom 23. Juli 2002

Hans Mommsen/Manfred Grieger: Das Volkswagenwerk und seine Arbeiter im Dritten Reich, Köln 2000

Dr. Helmut Schnatz: Die vergessene Air Force, Jahrbuch für Westdeutsche Landesgeschichte 2001

Dr. Helmut Schnatz/Landeshauptarchiv Abdruckgenehmigung vom 29. Juli 2002

Jens Christian Wagner: Produktion des Todes-KZ Mittelbau; Dora, Wallstein Verlag 2001

Hans Walter Wichert: Decknamenverzeichnis deutscher unterirdischer Bauten

„Vogelsang“

Von der NS-Ordensburg zum Truppenübungsplatz in der Eifel

F.A. Heinen

Ab 1934 erbaute die „Deutsche Arbeitsfront“ die „Ordensburg Vogelsang“ in der Nordeifel. Oberhalb des Urftsees sollte die künftige Elite der „Nationalsozialistischen deutschen Arbeiterpartei“ herangebildet werden: sportlich gestählte und ideologisch fest im Sinne des NS-Regimes verankerte Prätorianer, die für Führungsaufgaben aller Art geeignet sein sollten. Welch hohe Bedeutung Vogelsang im „Dritten Reich“ auch zur Selbstdarstellung der politischen Kaste beigemessen wurde, belegen zahlreiche Besuche der Größen des NS-Staates.

Mit der kampflosen Besetzung durch US-Truppen am 4. Februar 1945 verschwanden die Nationalsozialisten von der Burg. Aber ihr langer Schatten liegt bis heute über der Region. Britische Truppen bezogen die Burg 1946 als Zentrum eines zunächst 63,45 Quadratkilometer großen Truppenübungsplatzes dort, wo die Ordensburg als unübersehbares Symbol für den Nationalsozialismus über die Eifelhöhen ragte. Mit dem Recht des Siegers vertrieb die britische Besatzung gnadenlos die Bewohner des Ortes Wollseifen. Störungen und Belästigungen durch den seit 1950 unter belgischer Regie stehenden Übungsplatz musste die Bevölkerung mehr als ein halbes Jahrhundert hinnehmen. Mit dem Abzug der Belgier 2005 endet eine mehr als 50-jährige Ära, die in der Region gravierende Spuren hinterlassen hat.

Aus dem Inhalt: Die Nationalsozialistische Zeit 1933-1945 — „Trutzburg der Idee“ — Mit geraubtem Geld — Größenwahn im Grenzland — Die Bauwerke — Übergabe an Hitler — „Erbgesund, kein Brillenträger“ - Die Junker und ihre Ausbildung — Von Hitler bis Himmler — Braune Prominenz — Lazarett und Schule - die Ordensburg während des Krieges — Kriegsende — Der Tod des Franz Oppenhoff — Werwölfe aus Schleiden — Das große Gericht Nürnberg — Stunde Null in der Eifel — Der Tod im Boden - Minen — Schwarzbrenner und Schieber — Sprengen, oder was? Vogelsang nach der Götterdämmerung — Bürokratie muss sein - Die Besetzungsbefehle — Der Truppenübungsplatz — Hundert Mann und ein Befehl - Britisch Training Area — Kommandowechsel - Das belgische Camp Vogelsang — Post aus der Zone — Widerstand — Das verschüttete Juwel: Der Urftsee — Kommandeure — König und Prinz — Vogelsangsplitter — Schlussbetrachtung

Großformat, Leinen mit Schutzumschlag, 462 Abbildungen und Karten, 228 Seiten, EUR 34,—

Kurt Kaeres: Das verstummte Hurra, Hürtgenwald 1944/45
Hürtgenwald im Zweiten Weltkrieg – Todeswald für Zehntausende deutscher und amerikanischer Soldaten
Der Autor, Jahrgang 1927, mit 15 Luftwaffenhelfer, dann an der Westfront. Nach Gefangenschaft Abschluß der Ausbildung, heute Unternehmensberater. Persönliche Erlebnisse und exellentes Fachwissen liegen diesem Bericht zugrunde. Dies ist seine Geschichte und die zweier Einheiten, einer deutschen und einer amerikanischen, die durch die Hölle gingen gleichzeitig ist es die Geschichte eines Waldes, in dem das kampfermutigende „Hurra“ verstummte.
Großformt, Leinen mit Schutzumschlag, ca. 200 S., div. Abb., **EUR 23,50**

Gottfried Rüttgers: Missbrauchte Jugend - Zwischen Eifel und Russland, Erinnerungen 1930 - 1945, **EUR 12,60**

Charles Whiting: Ernest Hemingway und der Krieg im Westen 1944/45
Der spätere Literatur-Nobelpreisträger als Kriegsberichterstatter in der Eifel; Großformat, Leinen mit Schutzumschlag, 104 S., div. Fotos, **EUR 24,80**

Dr. Scherer: Gefallen und vergessen? Ardennenoffensive, Endkämpfe in der Nordeifel 1944/45 und Gefallenenfriedhöfe im Altkreis Schleiden, Leinen mit Schutzumschlag, Großformat, ca. 200 S.